「はい、やらせてください！」

これは人生を変えるチャンスかもしれないと思い、飛び込みました。

不安もありました。

そもそも、実は営業は絶対にやりたくない職種の一つでした。

営業職の成果は全員が見る壁に張り出され、プレッシャーのかかる職種というイメージが強く、正直ビビっていました。これで成果が出なければ、転職をしようと決意しました。

営業職へジョブチェンジしてから1年が経った頃のことです。

僕はサイバーエージェントのグループ会社の取締役に就任していました。あっという間のことでした。仕事ってこんなにも面白いのかと、毎日驚きの連続でした。

営業すればするほど、お客様に褒められて、いろんな方をご紹介いただけて、社内でもメンバーから感謝され、グループ内でも営業の勉強会依頼をいただき、その度に感謝され、最高に楽しい思いをしました。

独立後も、営業の相談が各方面から殺到しております。

大学院でも営業の講座を担当する講師となり、今回こうして営業に関する本も出版することになりました。今では営業が大好きです。


営業職へ転籍してたった1年で、何があったのか?


それはある一冊の本の中にあるたった一つの文章との出会いでした。

「営業マンの仕事とは、お客さんの元へ足を運ぶことです」

『至高の営業』(杉山大二郎著・幻冬舎刊)という本の中にある一節でした。

その言葉を信じて、売上や成果だけを追いかけず、とにかくお客様の元に足を運ぶことだけをやり続けました。気がつくと月に100件以上のアポを4年間続けていました。その中で様々な発見がありました。

営業の仕事をしている人なら、共通して、思い悩むタイミングというのがあると思います。どんなに頑張っても成果につながらない時期もあると思います。努力の方向性は間違っていないか、正しい頑張り方ができているか、日々一生懸命に頑張るあなたにとって、本書は確認のツールとしても活用いただけます。

僕が営業1年目でやったことのリストをもとに、1年間を通じたカリキュラムに仕上げました。できる限り具体例を入れ、再現性の高いノウハウに絞って書きました。もしかしたら、聞いたことのある話もあるかもしれません。自分には当てはまらないなということもあるかもしれません。

でも、せっかく本書を手に取ったのであれば、これを人生を変えるきっかけとしてください。あなたのいま置かれている状況や抱えている課題によって目に飛び込んでくる言葉は変わります。その時々で引っかかった項目だけ読んでいただけたらそれでいいです。読んだ後のあなたの行動次第で、本書の費用対効果は何千、何万倍にもなります。ただ一文で大丈夫です。自分の魂を動かす一文をぜひ探してみてください。

あなたに勇気を与えられるような、壁を乗り越えるための補助となるような、人生を変えるような一文を、本書を通じてお届けできれば幸いです。

福山　敦士

目次

4月

心 マインドの話

5月

技 スキルの話

6月

体 フィジカルの話

7月

学 ナレッジの話

12月

振り返り月間2

1月

営業職としての自分の高め方

2月

モチベーションを管理する話

3月

時間の話

4月

心

マインドの話

1

営業は一番感謝される仕事だと知ろう

お客様から感謝されて社内からも感謝される

営業職についてはじめのうちは、怖いこともいっぱいあると思います。日本では営業の仕事はマイナスのイメージが強くて、断られることが多いのが自分でもわかっているから気が進まない、そういう人も多いと思います。僕自身、営業職になる前の営業のイメージはよいものではありませんでした。営業はノルマに追われて、お客様からも怒られて……。でも「大切な仕事」だから若手の登竜門になっている、そんなイメージでした。

確かに、最初のうちは断られることの方が多いというのは事実です。ですが、会ってくださるお客様との約束を何度も何度も守っていたり、本当にお客様がほしい商品を用意できたりすれば、こちらから「お願いします」と頭を下げなくても、必ず発注をしてくださるようになるんです。

今でも印象に残っていることがあります。

それは社会人3年目でグループ会社に出向したときのことでした。会社を変わったということで、以前お付き合いのあった会社に再訪問をしていた時期で、あるゲーム会社に伺いました。かなり大手で、そこに行くというだけで本当に怖いという気分だったのですが、勇気を振り絞って行きました。

ですが、自分が提案したい商品はまったく不要ということで、ダメモトでアプリのプッシュ通知というニッチなサービスの資料を渡すと、「ちょうど自社でやるか、他社に出すか迷ってたところだったんです」と目が輝いて、「ありがとう」と感謝されたんです。「部署のメンバーにもプレゼンしてほしいから、来週また来て」と言われた帰り、本当にうれしくて足取りが軽かったです。

翌週再訪問するとその場で決まって、同席いただいた方からは「助かりました。本当にありがとうございます」と感謝されました。そこからはもう毎週のようにその会社に通って、同じ社内で3件4件とアポが入って、発注もお預かりして、それを持ち帰ると、もちろん社内の仲間が喜んでくれます。受注の数がとれるようになってくると、会社から課される目標は軽々クリアしてしまい、物足りなくなり、今月、来月だけに留まらず、3か月後、半年後、1年後など先を見据えた営業活動ができるようになりました。まるでロールプレイングゲームをやっているかのように自分のレベルアップを数字と共に感じられるようになりました。**自分が動くと経済が動くというつながりを**はっきりと感じられた最初の出来事でした。

この実感って、すごく大事だと思います。この成功のスパイラルがひとたび始まりだしてからは、「知らなかった、もっと早く営業やっておけばよかった」みたいな気持ちになりました。

自分が動いた分だけお客様に感謝されて、また別のお仕事をいただき、それに応えるとまた感謝される。数字が積み重なると会社からも感謝されて、会社も自分自身も次のステージに進むことができる。その時は仕事にならなくても、営業を続けているとひょんなタイミングでお仕事をいただけることもあります。つまり、頑張りがムダにならず、すごく得が多い仕事が営業だと僕は思います。

2

ヒアリングシートを作ろう

初対面でも堂々と営業に行けるコツ

営業の基本は話を聞くことです。現状の把握なしに提案はできません。しかし、「話を聞く」というのはなかなか難しいことです。お客様の数が増えたりすると、毎回何を聞くかを考えることなども負担となってきます。そこで、おすすめなのがヒアリングシートです。

僕の場合、名刺を見る→お客様の会社のミッションを聞く→ヒアリングシートを用意する、という流れにしています。

ヒアリングシートは事前に上司に聞くべき項目を確認して、シートを作成するようにしましょう。いざ商談が始まれば、シートを出して、「**今日はここの項目に沿ってお話を伺おうと思うんですけど、よろしいでしょうか**」と初めに言ってしまえば、相手も答えやすいし、こちら側もあと何を聞けばいいかすぐ確認できます。

シートが何もないと、お客様の話に相槌を打ちながら、頭の中では「この次は…」

4月 5月 6月 7月 8月 9月 10月 11月 12月 1月 2月 3月

と考えることになりますが、これはすごく大変です。シートがあると、話題が発展しても、ちゃんと立ち戻れます。あと、終わらせ方を用意しておくということも大切です。相手と話が盛り上がったとしても盛り上がらなかったとしても、

「時間が残りわずかになったので、次回は●●に関するご提案をお持ちします」

「まだ時期尚早かと思われますので、まずは情報を今後お送りさせていただければと思います。メルマガの登録をさせていただいてもよろしいでしょうか」

などといった、定型の終わらせ方を複数持っておきましょう。

入り方、中身の作り方、終わらせ方、これらを先に作っておくと、商談中に無駄なことを考える必要がないので堂々と営業に行けます。

僕自身、ヒアリングシートを作るようになってから、初回訪問時、毎回個別の準備をしなくてもすむようになりました。このことで、心理的にすごくラクになりました。初対面の商談でも気後れすることがなくなったように思いますので、ぜひ習慣にしてみてください。

3

出会った人全員「お客様にする」マインドを持とう

前向きな人に前向きな案件がくる

営業は、気の持ち方一つで成果が変わります。どうせ決まらないだろうなと思っていると、「ほかの会社に決めました」と言われたときに、「そうですよね、出直します」となり気持ちがさーっと引いてしまいますけど、前向きな気持ちがあれば、「決められた会社はおいくらですか？　あ、うちはそれより安くできます。3か月契約でしたら、3か月後にもう一度伺います！」って言えるんです。

「予算がないんだよね、頼みたいけど」と言われたら、今度は「じゃあ、一緒に売上つくりましょう！　それで利益が出たら、うちに発注してください」と言えます。この気持ちを持っていると、もはや「断られるのが怖い」という前提すらなくなります。

「絶対にいつかお客様にするんだ」という強い気持ち。

前向き、と言うと少し曖昧ですが、要は「絶対にこの人をお客様にして幸せにしよう、ビジネスで成果を出して喜びを分かち合おう」という気持ちを持つだけで、お客様のことばがまったく違って聞こえてきます。だから、この気持ちを持っていることが「営業つらいなー」というふうに思いがちな自分自身も助けてくれます。

ただ、今日からすぐそのテンションになってくださいと言うのは無理があるので、まずは呪文のように言葉にすることから始めてください。

「僕の営業でこの人を幸せにする」

「あなたを成功させます、成果出させます、出世させます」

「あなたと一緒に仕事がしたいんです」

「○○さんと一緒にビジネスがしたいんです」

最初は恥ずかしいと思いますけど、やってみてください。自分が慣れたら、まわりの気安い人に言ってみる。それで慣れてきてアポでも話しやすい感じの人がいたら、「あなたを出世させたいんですけど、僕にできることはありませんか」と言ってみる。相手は驚くかもしれませんけど、「じゃあ」って何かを振ってくれる可能性もあります。

それは自分の商品とは全く関係ない相談かもしれませんけど、「自分の上長ならできるかも」「自分の知り合いだったら何かできるかも」というように自分にできる範囲のことを探せます。いますぐに情報提供できなければ自分ができる範囲でリサーチして資料にしてあげる。これも立派に仕事です。そのときは直接的な成約に結びつかなくても、「この人、本当に自分のためにやってくれているな」と思ってもらえれば、1年後発注がかかるかもしれないし、その人が別の部署に行ったときにお付き合いができるかもしれません。

僕自身もそういった体験があります。

何度も何度も営業したけれど決まらなくて、営業している商品とは全然関係のない仕事を依頼されました。「市場を調べてほしい」とか「その競合がどういうマーケティングをしているか調べてほしい」という相談をいただきました。周りの人にひたすらヒアリングして、自分でパワポにまとめては送っているうちに、すごく感謝されて、「発注できなくて申し訳ないから」と知り合いの社長さんを紹介していただきました。そこがたまたまインターネットの会社で新しいプロジェクトを立ち上げるにあたって、成約に至ったということがありました。

つい目先の契約に左右されてしまいがちですけど、「仕事で相手を幸せにする」という気持ちを言葉にすることで、自分を鼓舞することができます。言葉にすることでその出会いがチャンスであることに気づくことができます。なんでもない出会いがチャンスに変わることもあります。このマインドセットを手にできるかどうかは、結構重要なことじゃないかなと思います。

4

聞く、話す、書く、読む力を磨こう

営業ができるとこんな良い世界が待っている

営業という仕事は、1人でできるようになれば、食いっぱぐれません。

ビジネスは突き詰めれば数字（お金）です。ビジネスを運営する際に必要なことは、借り入れでも出資でもなく、売上です。だから売上を作る力がある人というのは、どの組織にも絶対必要です。「うちは、売上を作る必要なんかないんです」という会社は、ひとつもありません。

だから、営業の力をつければ、100%生きていけます。営業の力は、「売上をつくる力」とも言えますが、それは何に支えられているかというと、コミュニケーション力です。ビジネスのルールに沿ったコミュニケーション全てが営業です。コミュニケーションの要素は「聞く、話す、書く、読む力」の4つです。

営業の基礎とは、それだけです。

だから「営業＝押し売り」みたいなイヤなイメージをまだ持っている読者の人もい

るかもしれませんが、それは違います。**「営業ができる人＝すぐれたコミュニケーション力を持った人」です**。

相手の話をちゃんと聞き、言葉にはしていないけれど態度や表情から見える気持ちを読み取り、それをフィードバックして社内の担当者に正確に伝える。相手がヨコ文字が不得意そうだと思ったら使わない。相手に即したボールをやさしく投げる。それこそが営業の仕事の本質だと思えば、仕事への意識が少し変わってくるのではないでしょうか。

5

営業の本質に気づこう

ジョブズもビル・ゲイツもみんな営業マン

いまは、ワークライフバランスという言葉も定着して、「仕事だけが人生じゃない」「趣味を重視して生きる」という考え方も一般化してきていますが、それでも1日の半分を仕事に捧げることを考えると、仕事がうまくいけば、プライベートも楽しくなる。これは間違いありません。

仕事で成果を出す、その究極がやっぱりスティーブ・ジョブズやビル・ゲイツなんだと思います。何がすごいのかというと、営業力がすごかったと僕は考えています。

スティーブ・ジョブズは、ある展示会にマッキントッシュの試作品を持っていって、気に入られ、手元には1台しかないのに200台の発注を受けて、急いで作って納品し、莫大な利益を上げたことが事業のスタートだと言われています。

ビル・ゲイツも同様で、サンプルで作ったOSをIBMに要望され、数千単位で発注を受けたことがそもそもの始まりだそうです。

両方、その時点では「ないもの」をお客様のために急いで作って、売っています。お客様が欲しいものを「作ります」と約束して、ちゃんと締め切りに合わせて届ける。完成されたmacやiPhone、WindowsのPCを見ても、そこから「営業」というイメージはわかないと思いますが、ビジネスの依頼をビジネスのアウトプットで応えるという動作は営業活動そのものです。

「ないものを売る」というのは、裏を返せば「お客様が期待していて、まだ世の中にないもの」に応えてあげるということです。

営業職は、商品を売っていると思われがちですが、**「商品によって叶えられるその人の欲しい状態、未来」**を売っているのです。だからお客様が何に困っているか、何を欲しいかをよく把握するということがまず必要で、それに対して「自分の会社が持っているソリューションだとこう応えられます」という話を準備するのがマナーです。

「期待を知り、期待に応える」、それが営業という作業です。

相手の夢をビジネスで叶えることが自在にできるのが営業です。出会う人、出会う人を幸せにすることができれば、人生ハッピーです。奥さんが「旅行に行きたい」って言ったら、計画を立てて、どこに行きたいか聞いて、そのためにいくら必要だねって割り出して、それに向けて貯金をして、まわる場所を調べて提案してあげるみたいなことも、前述の意味では営業です。

Column 1 朝来てやることリスト

準備体操をする

スポーツをする前に準備体操をするように、1日の仕事に取りかかる前に準備体操をしましょう。具体的には体温を1度高めることです。やる気と体調と体温は相関があります。体温が低いままだと、やる気が起きづらく、免疫も下がります。血液の流れを促すことを意識して、大きい筋肉（大臀筋、腹筋、背筋など）を中心にストレッチをします。デスクワークが多い方は、肩甲骨をゆっくり大きく動かすことをおすすめします。

水を500ml飲む

朝は身体が乾いています。乾くと菌が繁殖しやすくなるため、うがいをしてから水を飲むことをおすすめします。朝は排泄の時間でもあります。すっきりとした状態で仕事に臨めるよう、身体の状態を整えましょう。500mlは一気飲みする必要はないので、朝起きてから仕事に取り掛かるまでの間に飲んでみてください。

スケジュールを確認する

今日1日のスケジュールを俯瞰してみましょう。資料が必要な会議や、関係者への確認事項は漏れていませんか。今日が大丈夫そうなら1週間を俯瞰してみましょう。明日以降の準備での抜け・漏れはありませんか。目先のタスクに追われながら仕事をすると疲れます。先手先手を打って、スケジュールを支配しましょう。おすすめは始業時間の1時間前に席に着くことです。会社の空気ごと支配できた気になります。

ニュースアプリ（サイト）を斜め読みする

ニュースには終わりがありません。自分なりの情報収集術を確立していきましょう。自分が知っている情報しか、自分の頭には入ってきません。

ビジネスパーソンである以上、情報とは常に触れ合っておくことをおすすめします。ここでは僕の例をお伝えします。最初は小見出しを斜め読みします。興味がある記事をどんどんクリップ（サイトの場合はURLをタブでどんどん開き）しておきます。朝はこれだけで大丈夫です。残りはスキマ時間で読んでいきます。

口の体操をする

朝一番で、口が動かないと声が小さくなります。声が小さいとコミュニケーションに齟齬が出ることがあります。朝だから仕方がない、という思考に陥ると、その瞬間から言い訳をする癖がついてしまいます。時間帯に関係なく、常に自分のパフォーマンスを一定にするための努力の一つが口の体操です。僕の場合、滑舌が悪い癖があるので、舌を動かす体操をしています。冬場は、恥ずかしい場合はマスクをしてもかまわないので笑顔の練習をしましょう。

歯磨きをする

年齢を重ねるごとに、自分が思っている以上に口臭が出てしまうことがあります。社内外の人から、突っ込まれる点をなくすだけでも営業としての成果は高まります。世の中の多くの人が人を「減点法」で評価します。つまり「彼は●●がダメだったからね」という評価です。口の臭いも一緒です。そこまで配慮できる人なんだ、という評価につながる確率は低いですが、不快な印象を与えないだけでも営業成果につながります。

5月

技

スキルの話

6

新規開拓の極意を知ろう

新しい情報をお持ちします

新規開拓は、科学です。計算可能です。精神論だけではありません。営業活動の多くは数字で計測可能です。数件回って「ダメでした」というのは、分母が少ないだけだということが大半です。まずは100件営業してみることをおすすめします。理由は確率が計算しやすいからです。100件営業して決まらないようなら、それは商品が悪いのです。発注いただけなかった理由を聞いてみましょう。さらに踏み込んで、「どんなお客様に合いそうでしょうか?」「どんな商品なら即決しますか?」と聞いてしまうのもおすすめです。数を重ねることでチャンスが増える。打席が増えれば、決まるかもしれないし、決まらなくても改善の機会が増えるわけです。

僕は、繰り返しになりますが、『至高の営業』という本を読んで、営業という仕事は、「売上をつくるものだ」という頭から、「お客様の課題を多く集めた人に注文が来るんだ」というマインドにスイッチできたところがターニングポイントでした。その本を読んですごく心が軽くなって、とにかくお客様のもとに行こうという気持ちになれました。その後は用がなくても行くということを続けてみました。

用がないのに行く、ということをやると、自分にとっても訓練になります。そもそもお客様に対してはなぜ行くのかという理由をつくらないといけないし、「新しい情報をお持ちしたい」というお題でアポをとりつけたら、そこから資料をつくったり、トークを準備したりする必要があります。

これがときにはお客様のニーズにはまってうまく受注なんていう流れになると本当に楽しくて、そういった経験があったことで、「お客様のところに持って行く材料を考える」ということ自体が、楽しくなってきました。発注はなかったとしても、「この人が来ると新しい情報が入っていいな」と思ってもらえると、関係もよくなるし、アポもとりやすくなる。そこから紹介も生まれます。

いま、アポがとれない、受注がとれないと頭を抱えている方は、とにかく外に出てみましょう。オフィスにいるのをやめましょう。お客様は自社のオフィスにはいません。

あと、待ち伏せしてなんとか会う、という秘策もあります。

どうしても会いたいお客様がいるけれど、その人はすごく忙しいという場合。僕もやったことがあります。まず、そのお客様のビルの下まで行きます。そして代表に電話をすると、やっぱりアポがないとだめと言われます。次にご本人にメールをしたり電話をしてなんとか連絡がついたら、「実は今、下にいるんです」とお伝えする。そうすると、「～時まで打ち合わせなんですけど、そのあと少しでよかったら」というように一瞬だけですけど、会えたりするんです。これは、結構新鮮な感覚でした。だから、どうしてもつながりたいお客様がいる、というときにはやってみてもいいかもしれません。たぶん、これが一回できると、自信や度胸もつくと思います。

オフィスに座って電話していると、「ずっといないな」「もう19時だし無理だな」と、言い訳モードになってしまうことがあります。ずっと電話に張りついていなくても外に出れば、アポがとれる。ぜひ、一度その体験をしてほしいと思います。そうすると今までなんだったんだろう、というくらいアポをとるということもゲーム感覚で楽しめるようになるはずです。

7

セールスフローの流れを知ろう

とにかく会う、聞く、提案する

ここでは、契約はどういう流れでとれるのかを改めて把握したいと思います。わかりやすく、僕自身の例で紹介します。

●1～3か月目の僕
電話する→「買ってください」「契約してください」とお願いする

●3～5か月目の僕
電話する→「会ってください」とお願いする→10件中1件くらいアポが取れる→
「買ってください」とお願いする

●6か月目以降の僕

リスト順にメール・メッセージを送る↓返信が来た方とアポをとる↓会ってお客様の悩みを聞く↓2回目のアポをとる↓解決策を提案する↓うまくいけば成約。だめならもう一度アポをもらう↓悩みを再度聞く。

この6か月目以降のフロー、これが大事なんです。

この時期からどんどん受注がとれるようになりました。やっぱりいきなり電話して、初対面で「買ってください」「契約してください」って怖いですよね。そもそも電話すら時代遅れになりつつあります。

ポイントとしては、いきなり商品を持っていかないということ。

お客様が何を求めているかを考えて、時間をかけて話を聞く↓自分の商品を持っていく。何で受注できるようになったんだろう?と考えたときにこのフローが必要だったことに気づきました。それまでは、会ってその場で相手の悩みも何も聞かずに「この商品いかがでしょうか」と押し売りをしていたわけです。

よくよく考えると、それで受注できないのは当然でした。

どんな商品であっても、正しい手順があるのです。

駅ビルのショップに入って、いきなり店員さんに「今年のトレンドはこの服です、買ってください」と言われても買わないですよね。「何かお探しですか？」とか「どれくらいの価格で探されていますか？」などの聞き取りがあってから、店員さんからの提案があったり、アドバイスがあったりする。

それからは更に、「会う、聞く、提案する」。

ステップを分けることによって、契約件数をどんどん増やすことができました。自分のセールスフローは、いまどこでつまずいているのかな？とぜひ、確認してみてください。

8

既存顧客のフォローをしてみよう

営業は新規開拓だけじゃない

「月100件営業をしています」という話をすると、「新規開拓が苦手です」とか「新規開拓のスキルってどうしたら身につきますか」といったことをよく聞かれます。実は、僕の月100件の営業のうち、80件は既存顧客に対してのものです。

内容はフォローであったりとか、「最近はどうですか」といったいわゆる雑談です。ここからは別に新規の受注は取れなくてもいいと思っているんです。

その方から今悩んでることが何かを聞くことも、十分財産になります。既存顧客と信頼関係を深めることで別のお客様を紹介してもらえるというケースもあります。この、別のお客様というのは具体的にいうと、他社の人ではなくお客様の社内の別の方だったりします。僕はこれをインナーリファラルと呼んでいます。

前職のときの話でいうと、大手広告代理店でよくしていただいているお客様がいて、その方とお話していると「この人も話聞いてもらっていいですか」とか「うちの部署でもアプリ教えて」などと次々とご紹介をいただき何人もの方に仕事をいただいたことがあります。

新規開拓といっても、「この業界の大手はこの4社、A社もB社ももう当たったからあとはC社とD社か……」というやりかたじゃなくて、**とにかく今のお客様とのコンタクトを増やすことで、そこから広がる可能性が十分にある**ということも、強く伝えたいと思います。

そして信頼関係を築く上で要になるのは、約束を守った回数。

何時に行きますって言ってその時間に訪問する、これを繰り返すというシンプルなことなんです。そして、それをちゃんと続けているとお客様に対してこちらからの相談もしやすくなってきます。ぜひマネしてみてください。

9

アポの取り方を知ろう

電話、飛び込み、同行、紹介

アポを取る、というのは営業の動作の基本中の基本です。最近では、インサイドセールスという会わずにお客様とコミュニケーションするという手法も確立されてきましたが、万能というわけではありません（既にサービスの品質が高く、オペレーションの体制も整った事業体では有効です。反面、まだ品質改善中のものやスタートアップのサービスには不向きです）。やはり、一番大切な情報や最新の情報は、会わないと出てこないものです。会社の重要な意志決定や国同士の国交もそうです。どんなに時代が進化しても、会って話す以上のコミュニケーションは生まれていないということです。これも、自分に合った手段を使うことが大切です。ひとつずつ、見ていきましょう。

●電話

電話営業は確率論です。事前にリストを準備し、そのリストにかけきることをやりましょう。電話をかけてもつながらなければ、いつかければつながるのか分析し、改善しましょう。

どの業種であっても100人に1人は、絶対に会ってくれる人がいます。

これは、営業出身の社長は営業に弱いから、そういう社長が会ってくれるという側面もあります。だから、電話したけど取れないと思っている人は、100件かけたかどうかまずは自問自答してください。

ポイントは、**電話をする時間をスケジュールでおさえる**ことです。

人に電話営業を聞かれるのが嫌だったら、部屋を確保して自分でやりましょう。

これ、同僚や上司と同じフロアで、電話営業しますって言って「お世話になっております、株式会社○○の誰々です」って始めるとみんなに聞こえてるわけです。「何か説明の仕方下手じゃない?」とか何か言われるんじゃないかな?というプレッシャーで、電話営業ってあと回しにしがちです。それで、後まわしにしているとあっという間に1週間すぎます。電話の時間をスケジュールに入れましょう。

少しでも慣れてきたら、上司や同僚がいる同じフロアでやってみましょう。これは、電話営業をして指摘をもらえるということは新人のうち以外ないという話です。指摘をしてもらえるというのは、成長の機会です。自分の年次が上がるごとに指摘してくれる人の数は減ります。

●飛び込み

飛び込みは、ビルを決めることが重要です。

セキュリティーが甘くて、大きいビル。これが重要です。たとえば、セキュリティーが厳しい六本木ヒルズみたいなビルだと、アポが取れていないとそもそも中に入れません。大きいビルだと会社がたくさん入っていますよね。そこを上から下まで、順番に訪問します。

ただし、決裁者がいない可能性もありますし、営業お断りの会社もあるから、難易度は高い。僕もなかなか決まりませんでしたが、たくさん訪問するので、やった気にはなります。ここでの注意点は「やった気になることと成果は違う」ということ。

だから、トライしてみて、その労力と成果を天秤にかけて、厳しく見極めましょう。飛び込みが有効な業種、サービス、タイミングも確かにあります。これも3件4件で

「飛び込み、ないな」ってやめてしまうのではなくて、**100件やってみましょう。**

新規営業では、100という数字はマジックナンバーです。

●同行

これは自分でアポを取る必要がない分、比較的簡単です。

特に大きい会社の営業職には向いています。他部署の話しやすい先輩とか、グループ会社で知り合いの先輩のところへ行って、「一緒について行っていいですか」と言って同行させてもらってください。

結局は先輩のお客様をご紹介いただくということなので、アポをとったり提案をしたりしたら**その都度、必ず報告をする**ことが必要です。さらに成約したら、きちんとお礼をする。これがないと、逆の立場の場合、嫌だなっていう気持ちになります。すごく基本的なことですけど、気をつけましょう。

●紹介

一番おすすめの方法です。

一言で言うと、紹介とは信頼を借りるということ。例えば私、Aさん、B社がいて、B社に行きたいときに、Aさんを介することによってアクセスできるという方法です。Aさんが既にB社と温かい信頼関係を築いていれば、直接飛び込みで行くより、Aさんが信頼している私を紹介しますよという前提で行ったほうが、信頼を借りることができます。

自分が信頼しているパートナーに、その人が信頼されている会社を紹介してもらうと、成約するスピードが早くなります。同行と同様に、B社に対して失礼なことがあるとAさんの顔に泥を塗ることになってしまうので、責任は2倍になります。ミスをしたら、2人にお詫びをしないといけない。でも、成果を出せれば、2人から感謝されるので素晴らしいことです。だからこそ信頼がむちゃくちゃ重要です。

信頼は、**約束を守ること**で築かれます。

約束を守り続ければ絶対に大丈夫です。なので、守れない約束はそもそもしない。「この日までにお願いしますね」と言われて、期日までに間に合わなそうなら、そこは断るというくらい約束には厳密になること。これが大切です。

10

トークスクリプトを作ってみよう

しゃべること、決めてた？

ここでは、僕の失敗談をお伝えしたいと思います。

忘れもしない、一番最初のアポでした。お客様は新横浜ラーメン博物館さんでした。お客様に「実は最近、来たんです」「僕、横浜出身なんです」みたいな話をしながらも、頭の中では「あれ…どんな営業するんだっけ」って疑問符だらけです。結局、「御社が好きだから来ました」みたいな話しかできなくて「次回、アプリの提案させてください」と言うと「はい、別にいいですけど、多分必要ないですよ」と言われ、撃沈した苦い思い出です。結局、何も価値を提供できず、ラーメンを食べて会社に戻りました。

「あれ、まじで何しにきたんだろう……」と、どうしようもなく恥ずかしい気持ちでいっぱいでした。そして、帰りの電車で先輩に言われました。

「しゃべること、決めてた？」

その言葉を聞いて、「あ、何も決めてなかった」と気づきました。

その先輩から、新人時代こういうことをやっていたよ、と教えてもらったのがトークスクリプトでした。先輩は会社の紹介にしても商品の紹介にしても何も見ずにすらすらしゃべっていてそれがすごくかっこよく見えました。僕もそんなふうにしゃべりたい……と。でも、まずはその前段階としてスクリプト、カンペを大事にしようというアドバイスをもらいました（実際は業務時間外に激しく叱責されました。読者のみなさんには同じミスをしてほしくないので、非常に恥ずかしい思い出ですが、書き残しておきます）。

最初の挨拶から、会社の紹介の話し方、商品の説明、質問、次回のアポの日程を決めること……これらを事前に用意することです。話しながら、何か迷ったときはそれを見る。見てしゃべるのでいいんです。それで受注して自信をつけましょう。かっこいいプレゼンは自信をつけた後、自然とできているものです。かっこいいプレゼンだから決裁という話でもないので安心してください。恥ずかしがらずに、スクリプトを用意しましょう。

そして、このスクリプトもパソコン上ではなくて、もうＡ４の紙にプリントアウトして、商談のときはバシッと置いてそれを読んで進めていきましょう。パソコンは電源がなくなることもあります。不格好に思えるくらいでも大丈夫です。自分が思っている以上にお客様は自分に興味もなければ、後々まで覚えていることもありません。

6月

体

フィジカルの話

11

見た目を変えてみよう

トップセールスの服装は意外に地味

意外かもしれませんが、いま、元気のある営業職って少ないです。

プレッシャーを常に抱えている、業務量が多すぎて疲弊している……要因は様々ですが、大変だから元気がない。めちゃくちゃ元気のある気持ちいい営業職というだけで十分差別化できますし、それは能力と言えます。

では、元気を出すとはどういうことかといえば、こういうことです。

・相手が聞きとれる声で挨拶をする
・受け答えのときに目を見て答える
・わからないことは「わかりません」とはっきり言う
・挨拶のときにお辞儀を気持ち深めにする

これだけで、十分です。

学生スポーツのような元気を出す動作は、ビジネスの現場ではなかなか使えないため長続きしません。自分の出せる声量で明るく聞こえる声だとか、感じがよく聞こえる声っていうのを自分で研究する必要があります。具体的には録音して聞き返すという作業です。

ちなみに、装いでの差別化は意識しなくて大丈夫です。

よく「減点方式」「加点方式」と言いますが、世の中には営業を受けた時の決断の仕方として「減点方式」を採用する人が多いです。これは、「時間に遅れてきたから」や「宛名が間違っているから」などダメな点を理由に決断しないという方式。故に、商品詳細の前に自分のツッコミどころをなくすことだけで、決定の確率が高まるんです。

各業界のトップセールスと言われる人たちの服装が意外と地味なのは、それが理由です。僕がいつもスーツを着ている理由も単純に、減点されない最大公約数的な装いがスーツだと思っているからというだけなんです。

やっぱり世間って狭いから、どこでお客様と会うかわからない。お店で思わず横柄な態度をとってしまったときに、お客様が隣のテーブルにいるかもしれないし、休日、仕事とまったく関係ない場所でばったりということもままあります。どのシチュエーションでばったり会っても、ちゃんとしているという印象をもってもらうことが、営業職にとっては、結構大切です。

また、捕捉になりますが、食後の口臭や体臭も気にしてみましょう。お客様がこういったことに商談中に気を取られたり、不快に思ったりすると、お客様の仕事の成功にもつながりません。

12

わかりやすく伝えるコツを知ろう

商談の前に準備体操

「もう1回お願いします」

「なんておっしゃいました？」

なんて言われたことはありませんか？　営業職において、聞き取りやすい声で話すというのは大切です。僕はもともと滑舌が悪く、どもりやすいのでいろいろ工夫をこらしました。

その一つが、声のボリュームの最適なところを探すために会議室に一人でとじこもって、発声してそれをレコーディングする、ということです。録音した自分の声を聴くのは恥ずかしいですが、事実と向き合うというのはそういうことです。人によっては、「自分が思ったより聞き取りやすかも」と思って、自信をつけてもらうのもいいと思います。

プロの歌手は、自分の歌声で飯を食っています。だから、何度もレコーディングして、自分のベストな声をいつでも出せる準備をしています。営業も、声は一つの商売道具です。同じようにレコーディングして、自分のベストの声を出す努力をすることは大事な仕事のうちです。

部屋の広さによっても調整が必要なので、今では場所によって自分の声量を変えるということをしています。広い部屋で人数もいるなら大きく、広くても相手が1人ならもう少しボリュームダウン、そういうふうに声のTPOを時々によって調整することをやっています。

営業職は、結局オフィスと打ち合わせの部屋が主戦場なので、打ち合わせの部屋で自分のボール、つまり**話す声を研究する**っていうのはあまりされていませんが、すごく重要なことだと思うんです。

商談の前には、準備体操をおすすめします。

発声練習は職場ではなかなかできないと思いますので、口を動かす体操をしましょう。特に冬場や、朝一番の商談などは、顔の筋肉が硬くなっていることがあります。うまくしゃべれないと、ますます焦ってしまうことがあるので、この準備でそれを回避しましょう。

僕がやっていた準備体操は、2つあります。

1つめはマスクをして**「イ」と「オ」を声を出さずにゆっくり大きくと繰り返す**というエクササイズ。これだけで表情筋はだいぶ緩みます。3秒ずつ交互に10回ほど続けると、顔の筋肉があったまってきます。

2つめは舌の体操です。**口を閉じながら舌をぐるぐると回す**ことです。僕はもともと滑舌がよくありません。滑舌とは字のごとく、舌の動き具合に左右されます。この体操を行うことで、舌の筋肉がほぐれて「サ行」「タ行」「ラ行」が怖くなりました。これも恥ずかしいので、マスクをしながらやることをおすすめします。

それでも、話すのがどうしても苦手、ジェスチャーも上手にできない、地声がとにかく小さいということなら、パワポを洗練させるという手もあります。

パワポの要素のつくり方のコツは「**1スライド1メッセージ**」です。

ただ、最初のうちは1メッセージに絞り込むのは難しいと思います。そんな時はまず、言葉で喋る内容を全文文字にするということがおすすめです。言葉を可視化した上で、覚えてもらいたいキーワードを選び抜きます。そのキーワードをそのままパワポに落とし込むのです。この時、図やイメージ画像などは不要です。

営業を受ける側の人は、営業が言葉で話してくれた内容を100%覚えていることはありません。むしろ翌日には90%忘れます。忘れてもらわないだけで、他の営業職と差別化ができます。その方法が、言葉をパワポで伝えるということなんです。

これは、人間の記憶定着の仕組みとして、言語情報より視覚情報の方が記憶の定着率が高いことを利用しています。記憶だけでなく、ミーティングの仕組みとして「言葉が言葉を生む」という機能があります。キーワードを相手に伝えると、そのキーワードから連想する会話を営業相手であるお客様が勝手に喋ってくれる可能性が生まれます。**人は自分の言葉に一番説得される**ため、キーワードを強く示すことが、結果的に相手の決断を促すことにつながるんです。

僕自身はシャイな性格もあり、人と目を合わせて話すことが苦手です。そんな時、パワポが一枚あるだけで、それを見ながら話せるので、気持ちも少しラクになりました。商談中の目配せというのは高度なスキルが必要なので、慣れていない人ほど、パワポを活用するメリットは大きいのかもしれません。

僕自身は自分が口下手だという自覚があったので、自己紹介資料でパワポを使っているんです。パワポで、「私はこういう人間でこういうサービスをやってていこういう会社とつながりがあります」ということを知ってもらう。これで、多くを話さなくても大丈夫になりました。

本当に営業向きという感じの、どんどん口から言葉が出てくる人もいますが、自分はそうではないと思っているのであれば、こういうサポートツールを使うことは非常に有効かと思います。

13

「すみません」と言わない 堂々としてみよう

姿勢や雰囲気、これも見た目の情報なので、今一度見直してみるといいかもしれません。たとえば、今スマートフォンの見過ぎで猫背になりがちという方もいるかと思いますが、猫背の人って自信がないように見えてしまいます。もちろん、猫背で仕事がめちゃくちゃできる人はたくさんいますが、初対面では中身までは伝わりません。同じ「わかりません」「申し訳ございません」ということを伝えるにも、猫背で伝えるのと、背筋を伸ばして伝えるのでは、伝わり方は変わります。声のトーンも変わります。この違いだけでも、初対面の相手の印象は変わります。また、姿勢はクセなので、常に意識できるように、オフィスに鏡を置くことをおすすめします。それが難しい場合は、トイレの鏡やビルのガラスなどに自分が映るたびに、背中の角度をチェックしてみましょう。

営業職に関していえば、前述したとおり、「減点されない」という意識のほうが大事かもしれません。

遅刻した、(株)の位置が違う、資料の順番が違う、ページが飛んでる、しゃべり方がなんかぎこちない……。こういったミスでどんどん減点されていく。その意味でも、堂々としているというのは減点されない工夫と言えます。

ここでは、物理的なアドバイスと精神的なアドバイスがそれぞれあります。

物理的なアドバイスは、商談の時、**脇を締めてアゴを引き重心を落とす**ことです。

成果を出す営業職＝減点されずツッコミどころの少ない営業職は、見た目が落ち着いています。見た目が落ち着いているというのは、物理的にブレが少ないということです。「気をつけ」をした時に、グラグラしていないのです。

例えば野球選手でも、アマチュア選手とプロの選手の見た目の違いは、このブレの有無だったりします。今お伝えした脇を締めること、アゴを引くこと、重心を落とすことでこのブレは、概ね回避できます。重心を落とすというのは、できない人もいるかもしれません。これはお腹を使って息を大きく吐くことを数回行うと達成できます。いわゆる腹式呼吸のことです。動画で自分の立ち姿・立ち居振る舞いを撮影してみると、無意識のうちに自分がいかに動いているかに気づけるかもしれません。

精神的なアドバイスとしては**「すみません」と言わない**ことです。

営業職に限らず、仕事が得意でない人の多くは「すみません」を連発します。悪くないのに「すみません」を乱発することで、営業活動を行うことが、なぜか申し訳ないことのように錯覚しがちになります。営業活動は経済活動の根幹です。営業職の仕事とは、お客様のビジネスを成功に導くこと。堂々と感謝されるように仕事をすることがマナーなんです。

本当に悪いことをして、謝る場合は「申し訳ございません」に統一しましょう。まだビジネス経験・営業経験が少なく、こんな自分との時間をとってくださって、こんな自分の話を聞いてくださって……と恐縮しがちな人は素直に「ありがとうございます」を使いましょう。「ありがとうございます」はいくら多発しても、誰も不幸になりません。むしろよいことしか生まれない魔法の言葉です。

それでも恐縮してしまう人も、安心してください。お客様はあなたの全てを知っているわけではありません。堂々とした自分だけ見せても、大丈夫なんです。「高校デビュー」「社会人デビュー」などと揶揄されることもありますが、これまでの自分の負の部分と決別し、新しい自分をデビューさせるよいチャンスが、営業という仕事にはあります。事実、僕もそうでした。営業という肩書きを背負ってから、新しい自分に生まれ変わることができました。堂々とすることで生まれてくる自信も、あるんです。

14

営業職の健康管理を知ろう

お客様の期待にこたえられる身体か？

営業職の体調面に関しての話ですが、これは結論から言うとすこぶる健康である必要はなくて、大事な場面で休まなくてもいいように**アベレージを高く保ちましょう**という一点に尽きます。成果を出し続けるためには、すごく重要なポイントです。

僕の場合、体育会出身、16年間野球をやっていたので体力には自信があって、最初の3か月は自分でも信じられないくらいの時間働いていました。結果、みるみる体が重くなって、皮膚まで変な色になってきたんです。

ある月に入ったメンバーに、「福山さんって顔、緑色なんですね」と言われたときにそのことに気づきました。お客様の立場に立つと、そんなふうに具合が悪そうに見える人から営業されても、やっぱり印象として「この人、大丈夫かな……」と客観的に思われます。

若いから、体力があるからと過信せず、営業職としてあなたに仕事を任せて大丈夫だと思ってもらえる体調であることがすごく大事なんだ、と気づいた出来事でした。

また、仮に自分が体調不良であっても、仕事がまわる準備をしておけるかどうかが、ポイントです。引き継ぎがわかるようにしておく、出社ができなくてもスマートフォンである程度仕事が動かせるようにする、こういったことです。

なぜこれがポイントかというと、**お客様のビジネスが止まってしまうから**です。

ビジネスの成功は、すなわちお客様の成功です。

自分の身体は自分が頑張るためにあるわけじゃありません。ビジネスに関してはお客様の困り事にいつでも対応できるか、お客様の期待にこたえられる身体を準備できているかという視点が必要です。既にもう契約がある会社であれば、もはやそれがマナーです。自分が頑張ったから評価されるのではなく、お客様の期待に応えることで成果が生まれ、評価されるのがビジネスです。「体調が悪い中よく頑張った」というのは、評価の対象ではありません。あくまでお客様の成果に対して評価されるものです。

「休みの報告を上司にして怒られるのが嫌だな」という自分の感情ではなく、自分がお客様のところに行けないことで、大事な意思決定が遅れる可能性がある、ビジネスチャンスを逃してしまうかもしれない、こういった目線を持ちましょう。

今は60歳での定年は消え去って、我々の世代が働く期間は確実に長くなります。体調に波があるのは当然ですから、下がったらそれを上げる努力、上がったらそれを下げない努力を「動作」として持っておきましょう。「体調管理しっかりね」の「しっかり」の部分をコントロール可能な作業にしましょう。

僕の場合、薬を常備する、「休む」という予定を入れる、出張するときの新幹線でアイマスク（めぐりズム）をつける、あと乾燥予防にマスクを3つ持っておくみたいなことをやっています。一度、こういった動作を見直してみるといいと思います。

15

セールスモンスターになってみよう

止まってじっと考えない

ここでは、「足を止めるな」ということをお伝えしたいと思います。少し営業の仕事に慣れ、自分のお客様も決まってくるようになると「いかに効率的にやろうか」という視点になってきます。その「効率的」という視点は大切です。しかし、営業活動において、オフィスにこもってインターネットのみで情報を集めることとお客様のところに行って悩み事・お困り事を聞くのと、どちらが速くて正確な情報かという視点は大切です。足を運ぶ行為そのものの効率性ではなく、成果から逆算したときどんな方法がすばやくて確率が高いかを常に自問自答しましょう。

ビジネスはすべて生ものです。

去年通用したことが今年は通用しないということが年々加速度的になっていて、お客様の求めているものも、どんどん変わります。だからこそ、自分の手と足を使って、自分が現場に出る、お客様の話を聞く、お客様の知りたい情報を足を使って聞きに行って、手を使ってメールを書いて情報を届けて、そこに加えてどうすればいいか頭を使う。この順番をおすすめします。

一方で、移動時間の多い営業という職種柄、ロスを減らしたいという気持ちはもちろんあると思います。僕自身がやっている時間を効率的に使う工夫についても、併せて紹介します。

1　充電器を持ち歩く

充電器を携帯し、パソコンやスマートフォンで仕事ができる準備をしておきましょう。特に営業職の場合、レスポンスの速さは、やる気を伝えるための最適な手段です。メールの送受信、ＳＮＳなどでの連絡、情報収集、資料作成など。それを行うためには、やはり充電器が必要です。特に電源がなくても充電できるバッテリーなどを常備することをおすすめします。

2　ノートとペンを持ち歩く

ノートとペンさえあれば一通りの仕事はできます。パソコンやスマートフォンは思考やコミュニケーションの拡張ツールに過ぎません。特にノートは考えることを促す作用があります。アポとアポの合間の時間などにカフェに入ってぼーっとするのもいいですが、白紙のノートを広げてペンを持つことで、思考の準備ができます。今日やるべきことは何があるか、お客様への提案資料のアジェンダはどうするか、足りない情報はないか、など思考を巡らせる時に、ノートを使うと思考を整理することができます。これは電車の移動中でもできる作業です。上司やお客様に言われたこと「以上」のことをするために必要なのは、先手を打った提案です。それを考えるのに最適なのがノートとペンです。これを日常的に持ち歩き、すぐに開いて考える時間を取れるか取れないかで、仕事の質と速さに差がついてきます。

3 スーツを着ておく

会社や業界によって、スーツでなくてもよい業界もあります。僕の前職のサイバーエージェントでも、ゲーム会社などに訪問する時は私服の方がよいと判断される方もいました。そういう業界で、お客様が固定の場合は、それで問題ありません。ですが、お客様を開拓する人は果たしてそれでよいでしょうか？　例えば、自分が私服を着ている時に、急に大企業の社長と会えるチャンスがきた場合、わざわざ家に帰って着替えてから向かうでしょうか？　それとも「今日は会える状態じゃないからやめておこう」となるでしょうか？

以前、僕はその状況が来た時に、急いで家に帰って着替えてから営業に向かい、見事受注したことがありました。相手の会社は大手のゲーム会社でした。それ以来、いつどんなチャンスが来ても自信を持って飛び込めるように、常にスーツを着るようになりました。

7月

学

ナレッジの話

16

営業ができる人・できない人の違いを知ろう

これは〜〜さんに聞こう

営業ができる人、できない人、この決定的な違いは「切り返し」です。

たとえば、この新商品の説明をしてくださいという部分に関しては言い方はそれぞれあれど、そこまで差が出るものではありません。

けれど、お客様から聞かれたことに対して答えるという切り返しは、一番その人のスキルやノウハウが出る部分なんです。だからこそ、カードをたくさん持つために、営業の人には知識や教養が必要になってきます。

極論、コピー機だったり特定のジュースだったり、一つのものだけを売っていく営業の仕事というのもあると思いますが、そうであったとしても、ジュースの営業なら、周辺の商品である飲料水はいま何がいいとか、どういう棚の配置にすると売上が伸びるとかそういう知識を持っているか持っていないかで、相手の相談に対して応えられる量が変わってきます。ここで、知識を持っている人なら、「なんでもこの人に相談すればいいや」と思ってもらえます。そう思ってもらえることで、違う仕事がもらえたり、**別の案件であったとしても、相談してもらえるような関係**になります。

オールラウンドで教養を身につけるということができない、難しいという人は特定分野に誰よりも詳しくなる、という方向でいけばいいと思います。

簡単に言えばオタクになる。

そうすれば、周辺の知識はあとからついてきます。パソコンはめちゃくちゃ詳しい、国内旅行は誰にも負けない、何でもいいです。そうするとそれがあなたの旗になって相談がちゃんとやってきます。

僕も独立した当初は、何でも屋さんですというスタンスでした。

アプリ開発も会社の経営も人事も、営業もやってきた。だから、いろいろできます。何かあったら言ってください。そんなふうに言ってたんですけど、「何かあったら」っていう場面は絶対にきません。でも、「営業が専門です。営業のコンサルタントです。売上をつくるプロです」っていうふうに言うと、急に相談がたくさんくるようになったんです。

だから、質問に対して答える努力をする、「これは～～さんに聞こう」と思ってもらえるような目印の話題を持つ。それを行ったり来たりすることによって、さらにあなたの「切り返し」は磨かれていきます。

切り返しとは、聞かれたことに答えるということです。期待に応えるという動作でもあります。前述のとおり、これを繰り返す行為が信頼を築く行為に他ならないのです。営業とは信頼に大きく依存します。商品力が弱くても、とてつもなく信頼している人に勧められたら買ってしまうことはあります。逆に、商品力が高くても、人としてまったく信頼できない人から勧められたら、買う気にはなりません。「営業ができる人」とは、既に信頼関係を築いているか、その場のやりとりで少しずつ信頼をつくれる人ということになります。聞かれてもいないことを流暢にプレゼンすることは営業の力とは言えません。だから、プレゼンが苦手であったとしても、まったく問題ありません。

17

営業職の仕事を定義してみよう

足を運ぶこと、約束を守ること

営業職の仕事はお客様のもとに足を運ぶこと、これは僕が『至高の営業』という本を読んで学んだことです。日本は、営業をする＝お客様のもとに足を運ぶのに恵まれている環境です。強くそう感じた出来事があります。

以前、僕がサンフランシスコで営業をしたときの話です。

いわゆるシリコンバレーと呼ばれる地域で、車で2時間かけて営業先に行きました。到着すると、「やあやあ、よく来たね」っていう感じで迎えてもらってミーティングし、また2時間かけて帰ります。これだと、1日5件のアポは、物理的に無理です。どう頑張っても、2件が限界でした。

この経験を経て、日本、その中でも特に東京、大阪、名古屋、福岡あたりは**お客様が密集しているから、歩いて営業ができるし、そのことで正確な情報が得られる**。だから、足を運ぶということに適したマーケットなのです。

なおかつ、もう一つの営業職の仕事の定義は約束を守ること。

約束を**こちらで勝手に設定して、守ればいい**んです。お客様にお困り事を聞く、「来週までにその辺の情報をまとめて資料にしてお持ちします」と約束して、それを守る。これで1クリアです。これを積み重ねていれば、ゆくゆく受注できます。もしかしたら、直接的にその人本人からの発注ではないかもしれませんが、人間なにかしてもらっていると次第に悪いという気になるのです。お客様から何かを相談される、お願いされるということはお客様ありきです。お客様に関係なく自分からできることは、自分から約束を仕掛けて、それを守るということです。

逆に言うと、守れない約束はしない。

たとえばお客様から「～関連のこと、詳しくまとめてくれる？」とお願いされ、「自分、全然詳しくない」「なおかつ来週はすごく忙しい」という場合は冷静にその内容と時間を総合的に考えて判断しないといけません。ただ、1年目でまだわからない、という部分については、社に持ち帰って確認します。今日中にお返事します。この約束でOKです。

お客様にとっては「いつになるかわからない」というのが一番困るので、即答できなくてもいつ返事するかは明確にする。そしてその返事の約束を守る。これができれば、必ず受注できるようになりますし、そのことで仕事はどんどん楽しくなっていくはずです。

18

会社の存在意義を知ろう

株式会社は、成長しなきゃいけない

会社の存在意義、これは営業職として絶対に知っておかなければいけないことです。株式会社は株主のために還元するというルールがあります。株主が1人しかいなくてオーナー企業であっても、ルール上は成長し続けないといけない、利益を還元し続けるということが求められます。だから、現状維持ではだめなんです。

ここで言う会社というのは、読者のみなさんが所属している会社はもちろん、お客様の会社のことも指します。だから、株式会社と名乗っている以上成長しなきゃいけないという運命であることはお互いの共通認識にしていいのではないでしょうか。

これ、僕も新人の頃上司に言われてはっとしたことなんです。

営業に行って帰ってきて、「○○社に行ってきたんですけど、『別に会社の成長は求めてないです。うちは細々とやっているんで』って言われました」と上司に報告したら、「株式会社っていうのは成長しなきゃいけないんだから、お客様の会社の成長を促す内容であれば堂々と提案していいんだよ」と言われたんです。成長して、売上をつくれるのであれば「そんなのいらないよ」っていうのは本来的にない、ということです。これが、お客様の会社に対する基本的姿勢で大丈夫です。様々な事情により、今は成長を求めていないという場合は、時期を改めてから訪問しましょう。

反対に、自分の会社はどうか、自分の会社が成長するためにと考えたら、営業職の仕事として、1番最初に**自分が営業する商品を心底信じられるか自問自答すること**からスタートしてください。

その商品に対して不満があったり、信じきれないと思うなら、開発メンバーと腹を割って話すことも大事だと思います。

「お客様はこういうことで困っている、だからこういう商品が必要。それを解決できるのは自分たちしかいない」という熱い意気込みで、対話してください。営業の仕事とは、「売る」「聞く」「創る」です。今自分が持っている商品だけではお客様の悩みを解決できないのであれば、社内外を巻き込んで商品を「創る」または「創りなおす」必要があります。そのためにお客様の悩みを注意深く「聞く」必要があります。そういうやりとりを経て、お客様のニーズに合った商品をきちんと仕上げて、「大変お待たせしました、こちらの商品なら、お客様のお困り事を解決できるはずです」とお届けする仕事です。だから、営業は経済の中心なのです。

まとめると、自社がちゃんと成長を志しているかという点は常に自問自答するべきですし、お客様の会社が株式会社であるならば、**成長を志す前提**があります。その成長を手助けできるようないいサービス提案、商品提案をしましょう、という話です。「すみません、営業の話聞いてもらっていいですか」「すみません、僕売上が少ないと怒られるんで」という自分・自社目線の話ではありません。

極端な話、「最近どうですか？　あなたの売上を上げに来たんですけど、話聞きますか？」というくらいのスタンスでいいですし、それくらい、営業職である自分に対して自信を持ってほしいんです。営業職は問題解決が商品です。

19

ビジネスモデルを理解しよう

誰から受注し、誰に発注するか

会社に対して必要な投資を堂々と提案するためにビジネスモデルを理解するということは欠かせないことです。端的に言えば、その会社がどうやってお金を儲けているかということを理解することです。

ビジネスモデルを理解するときに必要なのは、大きく二つです。

①PL

これはいわゆる損益計算書というもので利益、収益、原価の3つの関係からなるものです。誰からお金が入ってきて、誰にお金を払っていて、結果営業利益はどんな割合か。人件費が高い会社なのか、工場設備費が高い会社なのか、利益率はどれくらいなのか。難しいように感じるかもしれませんが、調べるクセをつけましょう。わからなければお客様に直接聞きましょう。最低限、**誰からお金をもらっていて、誰にお金**

を払っていて、どれくらいの利益率か。これを知っておくことで決裁者に対して営業しやすくなります。

②競合

競合会社を知っていると、一気に理解度が上がります。競合はどちらですか、と聞いて、リクルートと言われれば人材系か、と思いますし、サイバーエージェントと言われればインターネットサービスと大枠がつかめます。

ただ、1つ注意点があります。スタートアップの会社で「うちには競合がいないんです」と言われるケースです。こういう場合、ビジネスモデル的な競合はいなくても、誰のどのお財布から予算を預かっているかという視点で見てください。

BtoB（Business to business、企業からお金をもらうモデル）なのか、BtoC（Business to consumer、個人からお金をもらうモデル）なのか。人件費としてなのか、開発制作費としてなのか、福利厚生費なのか、研修費なのか広告宣伝費なのか。予算をどこの誰と奪い合っているかという点では、競合は必ず存在します。どれくらいの規模で、繁忙期はいつか、閑散期はいつか。本当はどの時期に売上を伸ばしたいか。こういったビジネスの全体像を理解することで、どの段階でどんな提案をするべきか、ということが見えてきます。

たとえば広告の会社だったとすると、年末商戦っていうように年の暮れは忙しく、加えて決算期の3月も忙しくなります。こういった時期はとにかく人手がほしくて、効率化の必要性も切実に感じます。一方、6月から7月は閑散期で4月の新しい期を過ぎて、もう広告への出費は終わった時期、というふうにぴたっと受注が止まる時期なんです。そうであれば、その会社には閑散期であっても売上がちゃんと作れるような提案ができるといいかもしれませんし、落ち着いている時期だからこそ先のビジョンを考える時期に充てましょうという提案もできます。

これらはお客様の視点でものごとを考えているということで、非常に大事なことですから、理解していることは礼儀になります。

最初のうちは、「御社はいつ売上がたつのですか」や「どんなビジネスモデルなんですか」と、率直に聞いて大丈夫です。ビジネスモデルを理解するというのは高度な作業ではありますが、だからこそこれができているとお客様からは「この人はわかってくれている」という気持ちになって相談もしやすいです。

聞き方は「勉強不足で大変恐縮なんですが、御社のビジネスモデルについて教えてもらっていいですか」などと常套句を決めるのがいいと思います。売上の柱は何か、どれを伸ばしたいか……簡単に言えば、**目標と現状と課題**を聞きます。これを理解できれば、外した提案をすることはまずなくなっていきます。

これ、僕も最初はめちゃくちゃ困りました。

プロ野球の選手は覚えられるけど、ビジネスモデルなんてどうやって覚えればいいのか、さっぱりわからない……。そういう感じでした。ただ、自分自身も営業に行ったときに、「サイバーエージェントと一部競合しています」と言われたときに、一発で理解できました。それから、自分自身がお客様のビジネスモデルをまだ理解していないときには、「競合はどのへんでしょうか?」と聞くようにしました。事業部の方が考える競合と人事・採用部門が考える競合が異なるということも理解しました。

最初のうちはちんぷんかんぷんかもしれませんが、いきなりすべてを把握できなくても大丈夫です。出会った会社を一社一社丁寧に知っていくだけで大丈夫です。「○○会社と似てるかも」と、徐々に理解のスピードは速くなるはずです。

20

専門用語を覚えよう

あなたはお客様のドラえもん

ある保険会社の支社長の方と出会った時の話です。

その支社長さんは、「営業職の知識は礼儀」と言っていました。営業職はお客様の一番のパートナーであり、近い相談役なのに、その人が専門的な知識を知らない、制度の変更を知らないというようなことは、失礼なことだと言われたときに、はっとしました。加えて、その知識やルール（制度）の変更によって自分のお客様の状況はどう変わり、どんな対策が必要なのかまで考えておくことがマナーなのかもしれないと考えました。言うならば、のび太くんのどんな悩みにも対応できるドラえもんくらいの知識と応用方法を知らなければならないと感じました。

僕が新人のときは、「持ち帰って調べます」で対応していました。1年目はそれで構わないのですが、お客様のビジネスを成功に導くという本来の目的からすると、即時対応したいものです。知識を日々インプットし、かつそれがどんな変化をもたらすかまで言語化しておくことがとても大切です。

たとえば、今だと「仮想通貨」という言葉にアンテナを立てたとします。

そうすると、ニュースにしろ、ネットにしろどんどんその言葉がフックとなって知識が入ってくるようになります。車の免許を持つと、街で走っている車の車種がわかるようになったりするのと同じです。少し頭に入れておく、耳に入れておく程度でいいので、専門用語をぜひ積極的に覚えるようにしましょう。

覚え方はこうです。たとえば、アポで「ブロックチェーン」という単語が出てきてそれがわからなかったら、まずその場で聞く。雰囲気的にそれが難しければ、メモに書いておいて後で調べます。1年目はひたすらこれをやりましょう。これを癖づけることがすごく大事です。

一番ダメなのは、ずっと知ったかぶりをしてしまうことです。

わかったフリを続けてしまうと、自分が何を知っていて何を知らないのかが自分でもわからなくなってしまいます。僕自身、新卒時代にインターネットやスマートフォンの用語を理解しているようで、できていませんでした。そのとき先輩に注意されて、気がつきました。わからないことが聞けなくなったら、本当にまずいです。年を重ねるごとに頭は固くなります。

これを癖づけることで、**出会った人との会話の中で得た情報が面白いように全部知識になっていく**から、間違いなく若手でも活躍できるようになります。何も恥ずかしがらなくてもいいんです。わからないことはその場で聞いてしまいましょう。聞けなければ、その場でメモりましょう。それがあなたの血となり肉となり、成果となります。

8月

振り返り月間1

21

お客様の立場で考えよう

偉い人から時間をもらうには

僕も飛び込みで行っても、決裁者にはなかなか会ってもらえませんでした。電話して指定の時刻に行っても、別件の打ち合わせが入ったと断られたり、別日の提案をしても返事がもらえなかったりということがありました。悔しかったです。でも、偉くて決裁権がある人というのはたいてい忙しいものです。

そういう人からどうやって時間をもらうのかと考えると、ちゃんとメリットを示すということがやっぱり大事なんだなと気づきました。「うちの会社から新しい商品が出たので会ってください」。これはただのエゴです。ニュースメールを送ればいいだけっていう話になります。「お客様のために」ではなく、お客様の立場で考えましょう。

「**あなたの問題を解決したいから会わせてください**」とか「**御社の今後のことを考えたいから時間をください**」というように、相手のメリットをきちんと伝えることを意識的に癖づけしました。そうしたら偉い人からどんどんアポが取れるようになったんです。役職者で時間にシビアだからこそ、時間の投資だと思ってもらえるようなメリットのある時間を提供できれば、アポを取ることは可能なんです。

メリットを示す方法は二つあります。

一つは悩みを事前に聞いて解決策を示すこと。

もう一つはその会社と同業他社、もしくは競合の会社の悩み事をそのまま持っていって、「採用で困っているということはありませんか？」「アプリの売上分析、できていますか？」などと投げかけてみることです。

似たような業界であれば、微差はあっても、やっぱり悩みも似てくるものです。それを1社、2社、3社と積み重ねていくことで、どんどんこちら側にもナレッジが溜まっていくわけです。だから、回をこなすほど提案もしやすくなりますし、相手の悩みも見えやすくなります。そこをとらえて「その話をしませんか」と持ちかけると、先方もそれには問題意識を持っていて必要だから会いましょう、という話になります。

反対に、ただ先方に会いに行って、「最近どうですか」はともかく、「この商品を売りたいので、私の話を聞いてください」という態度になると、批判を恐れずに言えば相手からしてみたら時間泥棒になるわけです。

いま、僕自身が経営者の立場になって感じるのは、時間泥棒タイプの営業の人に来られると素直に困るな、ということです。ミーティングやアイデア出しに使えたはずの大事な1時間がその人の訪問でつぶれてしまったら、当然マイナスだと感じられて悪い印象が残ります。そうなると2回目のチャンスをもらうことが難しくなりますよね。せっかくいい商品ができたと思って持って行っても、時間を取られちゃうから今度で、っていうふうになるとこれはお互いに不幸です。本来であれば、相手にとって問題解決になる商品を持っていけて喜んでもらえたはずですから。

だから、時間泥棒には絶対ならないようにすること、これは気をつけてください。アポがとれたら、「あなたの悩みを聞かせてください」というスタンスを崩さず、相手のメリットになる時間にするように心掛けましょう。

22

明るく会議を進めるフォーマットを知ろう

魔法の手法、GATとKPT

営業の定例会議を明るく、正確にうまく進めるためのフォーマットが2つあります。ひとつはGAT（ガット）。もうひとつがKPT。

これはサイバーエージェント時代に学びました。GATとは、G＝ゴール、A＝アジェンダ、T＝タイム。字のごとく、ゴールを明確にし、アジェンダを明確にし、会議は30分以内を原則としていました。もうひとつのKPTというのは、報告のためのフォーマットです。キープK＝よかったこと、プロブレムP＝悪かったかもしれないこと、トライT＝次こうやってやる、ということ。

特に、新人であっても報告は求められると思うので、KPTを使わない手はありません。まず、いいところから入るというのがこのフォーマットの素晴らしいところです。なんでもいいんです。もちろん「受注しました！」が最高ですけど、「うちのこの商品を●●社に褒められました」でもいいですし、「アポが先週は5件だったのに、今週は7件とれました！」でも大丈夫です。

次に、プロブレムですが、これは「ダメだったんです……」という言い方をしてしまうと、自分自身も本当に萎えてしまいます。だから、ポイントは「かもしれない」という言い方。「提案の仕方が悪かったかもしれない」「商品力が足りなかったかもしれない」「商品資料が悪かったかもしれない」。これをじゃあどうする、という次のトライにつなげていく。

商品資料がわかりづらかったかもしれない

←

じゃあわかりやすくするためにどうする

←

先輩に見てもらう、他部署の先輩に見てもらう、競合他社の資料を取り寄せてそれを参考にする。

アクションを決めると前向きになります。「意識」に任せずに仕組み化することがポイントです。何をしていいかわからないということがなくなる。このことによって、責められることも幾分なくなりますし、いいことが2つも中に入っているので、前向きに報告を終えられるはずです。

ちなみに、このプロブレムは定量（数字で表現できること）と定性（数字で表現できないこと）に分けましょう。数字としては何%目標に足りないのか。数字じゃない面ではアクションが足りなかったのか、営業の仕方が悪かったのか。プロブレムは断定しないで、「～かもしれない」という言い方にする。新しいことに挑戦する場合、最初はうまくいかないことの方が多いです。そのプロセスをポジティブにとらえるための工夫です。これもサイバーエージェント時代に学びました。

ただ、会社の社風や文化でGATというのは、自分ではコントロールできないとか、KPTをやったら、「もっと反省しろ！」と言われるという会社もあると思います。そういう場合は、上司に「こういうやり方があるみたいです」と提案してみましょう。それでもだめなら、上司の上司、部長、役員、社長と言っていきましょう。みんなの時間を効率的に使えるための、まともな提案のはずなので、聞く耳を持ってくれている管理職なら、聞いてくれます。でも、社長に提言しても、まるで聞いてもらえない、もっと反省しろ、のままだったら、ちょっと考えてもいいかもしれません。やっぱり社長って会社の鑑なんです。直属の上司がだめであっても、社長に言えば通じるということだって、絶対あります。だから、そういうことをするのは相当ハードルが高いとは思いますが、もし「おかしい」と感じるのであれば、勇気をもって、提言してみてください。社内を動かすことも営業の仕事です。

23

同じお客様に何度も会おう

「たくさんアポに行く」を実現する

アポをたくさん入れるコツは、「同じお客様に何度も会うこと」です。

さらに言えば、**「同じお客様に何度も会ってもらえるだけの自分になること」**です。

つまり、「この人と会ったらプラスの時間になる」と思ってもらえる知識量と貢献するマインドを持った自分でいることです。

某大手広告代理店に通っていたときに、商談とは別の雑談をする中で、スマートフォンアプリの話になり、持っている知識を総動員させて話を展開すると、とても興味をもっていただきました。その流れで勉強会を開催することになりました。総勢200名を超える参加者が集まってくれました。「知らない話が聞ける」「興味のある情報を仕入れられる」、これは大きいと思います。現に、そこに参加してくださった方が独立後、すぐに発注をくださるということもありました。

アポを取り続けること。これは、営業職に配属された方、全員が何度もぶつかる課題だと思います。アポを取るということは、お客様の時間をいただくことに他なりません。貴重な時間をいただくためには、自分と会って話すメリットがなければなりません。一つは鮮度の高い、入手困難な情報です。そういった希少価値の高い情報は、発信する人にしか集まりません。

だから、とにかく情報を発信し続ける。

お客様のビジネスを成功に導くためには、自分のほうがお客様の競合の情報も知らないといけない。お客様自身が自覚していなかった新しい競合の情報は、すごく重宝されます。

誤解があるかもしれませんが、「お客様の商品が好きです！　ファンです」というのは意外とアポを取る理由にはなりません。僕の体験談をお伝えします。僕も営業を始めてすぐのことでした。とあるゲーム会社にお邪魔して、「御社のゲームすごくやってます！」という話をしましたが、まったく響きませんでした。一通り商品の説明はしたものの、2回目以降、アポが取れなくなりました。アポの最中、先方のゲームの内容について熱く語り、実際にすごくやり込んでいて、たくさん課金していることも伝えました。が、先方の反応は薄いままでした。

後日、別のゲーム会社では、「違う会社でうまくいった例、うまくいかなかった例」を話したところ、とても反応がよく、「知りませんでした、勉強になります」「お詳しいですね！」と言ってもらい、仕事につながりました。ここでもまた、先方社内向けに勉強会を開催させていただくことになりました。勉強会後、他にどんなことに興味があるか聞いたところ、海外の市況や前例が知りたいということだったので、後日、調べて資料にまとめて、再度勉強会を開催させていただき、とても喜ばれました。そして、先方の上司をご紹介いただき、もう1サイズ大きなビジネスのご提案をさせていただきました。もっともっと貢献したい！と思うようになりました。

有名企業の偉い方達は、社外の人から日々ちやほやされています。ただただ褒める「だけ」ではアポはいただけません。価値を提供したことにならないからです。彼らが何を求めているのか、考えましょう。分からなければ、お客様に直接聞きましょう。それだけで誠意が伝わります。

24

恐怖心から早く解放されよう

それって、会おうとしなかっただけですよね

仕事に慣れないうちはお客様をとってくることにとにかく苦心することになると思います。しかも、まだ慣れていなくて電話も訪問も怖い。そういう恐怖感から解放されることがまず、大事です。3つ、おすすめの方法があります。

①電話で大量にアポ取りすること

これは、もう割り切って練習と思ってやりましょう。これで大手の会社に営業する必要はなくて、電話帳から上から下にどんどんかけていくくらいのつもりで、電話の練習として、やってください。それで運よくアポが取れれば、アポの練習と思えばいいんです。ここぞというところへは、練習を重ね、自分を成長させてから堂々とアポを取りに行けばいいのです。

②本気で会おうとすること

僕も新人のとき、飛び込みをしていました。

でも会えなくてだめだったな、っていうことが続くと、「朝は会議だろうな」とか「夜になっちゃったけど、夜はまずいな」とかいろいろ考えて、でも結局何もできていないという状況になります。

すると進捗会議で上司に「それって、会おうとしなかっただけだよね」と言われたんです。「サイバーエージェントの役員から紹介してもらうこととかした?」「1日待ち伏せした?」と問い詰められました。そんなこと当時の僕は考えもしなかったし、もし思いついても実行できませんでした。でも、ダメだったとしてもそこまでやってみようと思いました。文句を言うならやることやってからにしようと。やっぱり、恐怖感とか諦めって敵なんです。でも、冷静に考えればどれだけ大きな会社であっても、どこかの会社に支払う予算がある。だからきちんとそこを押さえられたら、契約できるのです。

③商品を心の底から信じる

いい商品だって自分が思ったら、本当に自分が大事にしたいお客様からいくべきだと思います。これは、保険の営業職がよく言う話です。「自分の商品がめちゃくちゃいいと思ったら、一番大事にしないといけない人にまずは売るのが道理。一番大切なのは誰？となったら、家族なんです。だから家族からいく、だから親族から営業にいくというのは人として当然です」と。

契約取らなきゃまずいな、契約してくれる人いないかな、まず家族からいくか、まず親族からいくか。これは、動作は一緒ですけど、マインドが全然違うから広がり方も違うんです。

いい商品だと思ったら一番大事な人をとにかく第一に提案する。この会社を助けたという、ビジョンに共感した会社にとにかく行って、「あなたの会社を絶対に幸せにします！」というくらいの提案でいいと思います、本当に。

僕はこのマインドを身につけてから飛躍しました。営業に行くというのは、お客様を助けることになるんだと信じてから、自分がヒーローになっている気がしました。

「一人でも多くの人を助けなければ」と思えるようになりましたし、すごく自信を持てるようになりました。

「僕は、あなたを助けにはるばるやって来ましたよ！」と。

営業職たるもの、堂々と課題解決をしてしまえばいいのです。会社で一番感謝される仕事なのです。堂々といきましょう。

ぜひ早々にメンタルブロックを解除してほしいなと思います。

反面、自社の商品の不備によって、お客様に迷惑をかけてしまったこともあります。そんな時は、社内の商品開発チームに厳しく当たりました。自分が怒られたからではありません。お客様のことを助けられなかったからです。営業職は、自分の会社を代表してお客様と対峙しています。案件に対する責任者であるのです。社内の事情も分かるからと言って、穏便に済ませてしまうのはNGです。自分の指摘が甘かったが故、同じミスが社内の商品開発チームから起きる可能性があります。またお客様に迷惑をかけてしまうと、営業職として大切な2つを失います。信頼と自信です。お客様との約束を守ることで成り立つ信頼。自分との約束を守ることで積み重なる自信。この2つがなくなると営業職としてはおしまいです。

Column 2　ランチタイムにやることリスト

昼飯前にコーヒーを飲んでおく

ランチ後のMTGでうとうとしてしまった、なんてことはありませんか？　眠くならないように食後にコーヒーを飲む方も多いと思いますが、僕はランチ前に飲むようにしています。理由はカフェインの効果が効いてくるのが2、3時間後だからです（人によって差があります）。経営者の中には、パフォーマンスが下がるからランチを食べないという人もいます。僕の場合、その日の体調によって食べる食べないを決めています。ランチの時に炭水化物を摂りすぎないという対策もおすすめです。

ニュースアプリを読む

「朝来てやることリスト」で紹介したニュースの読み方の後半です。朝来て、気になったニュースをじっくり読む時間です。僕の場合、スマートフォンを見ながらランチを食べます。この行為自体、一昔前は行儀が悪いと言われましたが、きちんと情報収集をしておくことの方がビジネスパーソンとしてのマナーだと考えているので、容赦なくスマホで情報収集をします。ただしスマホの画面は想像以上に汚れているので、除菌シートなどでこまめに拭いておくことをおすすめします。

昼飯後にやる業務を決めておく

お腹がいっぱいだと、集中力が落ちます。そんな時、集中力が上がるまで待っていると、眠くなります。ついダラダラしてしまって、気づいたら15時くらいになっていたなんて経験が僕にはあります。おすすめは、ランチを摂った後にやることを決めておくことです。席に戻ってから着手することを、あらかじめ付箋か何かでメモしておくとよいでしょう。ランチタイムに気を抜くための工夫です。

歯を磨く　または　ガムを噛む

ランチから再度集中モードに切り替えるための工夫です。歯ブラシセットをオフィスに置いておき、ランチの度に歯を磨いてから仕事に臨むこともよいと思います。僕も新卒時代にやっていましたが、続きませんでした。いつもオフィスに居なかったからです。日々お客様の場所に出向いていたため、ランチを外で摂ることが続いたので、代わりにガムを携帯することにしました。800円くらいのボックスガムです。これを携帯しておくことで、誰かとご飯に行った時などの会計後に「ガムいりますか？」とコミュニケーションがとれます。これをガムコミュニケーションと言います。

9月

伝

伝える話

25

営業を受けてみよう

されて嫌だったことは、言葉にしやすい

「あなたはうまく営業できていますか?」この問いに答えるのは難しいと思います。なぜなら、自分の営業を自分自身は受けたことがないからです。そこでおすすめの方法は、自分が営業を受けてみることです。

ただし、よい営業というものは、なかなか言葉にしづらいものです。「なんかよかった」と、圧倒されて終わることも少なくありません。営業に限らず「よい」体験は「要はこうすればいい」というノウハウも、実際に自分の身体にインストールするのは難しいものです。まずは営業を受けてみて、**嫌だと思うこと、自分がされて嫌だなと思うことをしない**。ここから始めましょう。

これは、どこかにとりあえず問い合わせしてみて、営業を受けてみる、これでOKです。そうすると、絶対にボロがあるので、そこを見極める。たとえば、遅刻された、

その時間仕事ができなくてイライラした、日程を間違えられたのに謝りの言葉がなかった……。されて嫌だったことって、言葉にしやすいんです。そういう経験をすると、自分は絶対そうしないようにする、と思える。

二つ、僕の実体験をお話しします。

ある不動産営業職の方とのやりとりでした。メールでいくつか情報をもらっていて、それを読んでいました。ある時たくさん電話をしてくれたので、急ぎの用件なのかと思い、時間をとって会ってみました。すると、メールでもらった内容と同じ内容の話が始まりました。すでにメールは読んでおり、内容は知っていたのと、僕が欲しかった物件情報（投資用のワンルーム物件）でなかったので、お断りをさせていただきました。するとすかさず「年収600万円以上のサラリーマンの方を紹介してください」と依頼されました。僕はその時違和感を感じました。概ね下記の3点です。

・わざわざ時間をとったにも関わらず、既に知っていることしか教えてもらえなかったこと

・こちらの要望を聞いてくれなかったこと
・自分が満足する価値を提供してもらっていないまま紹介を促されたこと

こちらの話を聞いてくれなかったことが、一番気になったポイントでした。

「わかりました、福山さんはそういうところで悩んでるんですね。」

「それなら、弊社ならこういうサポートができます」

「弊社ではお力になれませんが、パートナーなら（または知り合いで）」

もし、そんな話を展開してくれれば、前向きな話もできたはずですし、紹介も生まれたと思います。


よい例もお話しします。あるWebシステム会社の営業職の方とのやりとりのことです。「弊社のお客様が、弊社サービスを使った経緯をお話しします。他社様のものをお使いだったんですけど弊社のものに切り替えてもらったことでこんなメリットがありました」「コストが10分の1になりました」ってお客様の顔写真つきで資料になっていたんです。すごく実践的で分かりやすかったです。しかも、自分たちで自社商品がすごい、って言ってなくて、お客様に言わせている。納得感があるなと思いました。

営業を受けることで、自分はこれはやらないでおこうというNGパターンもわかりますし、マネしたいなと思えるテクニックを見つけられることもあります。

どんどん他社の営業を受けておくことをおすすめします。

営業とは哲学です。絶対的な正解は存在しません。

哲学は言葉によって磨かれます。よい営業、悪い営業、それぞれ言葉にしてみましょう。自分の営業を言葉にできなければ、他の人の営業を言葉にしてみましょう。言葉を探し、自ら紡ぎ出すごとに、哲学が磨かれていき、自分自身の営業レベルが高まっていることを実感できるはずです。

26 ロープレを1回だけしてみよう

もっとゆっくり話してみな

ロープレって気が進みませんよね。僕も好きではなかったし、今でも好きではありません。でも効果は確実にあると断言します。やってみないと気づけないことがあります。1回だけやってみましょう。1回だけで大丈夫です。

ただ、やるときはビデオも撮ってみてください。確実に気づきがあるはずです。

たとえば、野球のピッチャーも、自分の投げている姿を映像を初めて見ると、いろいろと驚きと発見があると思います。自分の客観的なフォームを見たことがないまま、コーチから「もっと上から投げてみろ」と言われても本人が「今も結構上から投げてるのに」と思っていると、改善にはつながりません。ビデオに録って、客観的に見てみることで、「あれ、上から投げてると思ってたのに、この程度の高さだったんだ」って納得できる。そうすれば、1回できちんと修正できるんです。だから、学びのための恥だと思って、ぜひ一度はトライしてみてください。自分の頭で自分の姿がイメージできるようになると、成長速度が速くなります。

具体的な話し方の改善だったり、身ぶりの改善というのはもちろん、1回ビデオに映っている自分を見ておくと、**「お客様からは自分はこういう風に映っているんだ」**というメタ視点が得られます。これが得られると、自分の後ろにもう一人の自分がそれを見ているみたいな引いた視点でものごとを捉えられるようになります。

スマートフォンのムービーでいいのでやってみましょう。カメラアングルはお客様視点の前からにしてやってみてください。

どうしてもロープレが嫌な場合は、録音でもＯＫです。

映像か音声が準備できたら、**話すスピードと抑揚**がどうなっているか確認していきましょう。ジェスチャーは、商品や業界によって好まれるケースと好まれないケースに分かれます。でも、話すスピードと抑揚は、商品や業界を問わず状況に応じてコントロールすることが求められます。

声については、スピードと抑揚を感じ取れれば問題ありません。声に自信がない人はどちらかがコンプレックスなはずです（僕の場合は両方でしたが笑）。緊張したり自信がないと、早口になってしまうことがあります。これをお客様は指摘してくれません。同行した先輩や上司が「もっとゆっくり話してみな」と言ってくれたとしても、自分で気づかないことには「どれくらいゆっくり話すべきなのか」がわからないと思います。

抑揚に関しては、自分ではなかなか気づくことのできないポイントです。ただ、営業を受けてみるとよくわかると思います。

実際に僕が営業のコンサルティングをする際も、許可を取ってから商談を録音させていただきます。実際に自分の声を自分自身で聞き、話すスピード、抑揚について感じ取ることが、他の人からあれこれ言われるよりも改善のスピードが早くなるのです。

27

過去の自分に教えてみよう

業界用語ばっかり使っていない？

「人に教えると、自分が一番学ぶ」。この理屈を使いましょうという話です。

ここまでで半年、研修や実践の経験を経て、自分の中でも少しずつこうやればいいんだ、ということが見え始めてきている時期だと思います。その基本の部分をよりしっかり自分のものにするためのワークだと考えてください。

大学生のときの自分や、もしくは前職で違う職種だったときの自分が、「明日から営業です」と言われたときに、どうやって教えてあげると一番早く今の自分にたどり着けるかなという視点で言語化する練習をしましょう。そうすると、名刺の渡し方ってこれでよかったんだっけ？とか、提案書の作り方って自分はちゃんとできてたっけ……というふうに、自分のやり方がもう一度整理されて、磨かれていきます。

そのほかのおすすめは家族です。特に両親。つまり、**まったく自分の働く業界について無知な人に対して教える**ということです。なので、もしご両親が同じ業界であったり、詳しいということであればおじいちゃん、おばあちゃんでもいいかもしれません。業界についてわからない人に対して、わかりやすく説明ができたら、完璧です。

やっぱり、頭の中ではわかっているつもりでも、いざそれを人にも同じレベルでわかってもらえるかどうかは言語化できるかにかかっているんです。この言語化の作業で、人に説明するスキルが上がれば、自分の理解度も深まるので一石二鳥です。これをすることによって、わかるとできるのギャップが埋まっていきます。

営業職ってどうしても、自分が気がつかないうちに業界用語を使いがちですし、付き合いが深くなれば、1言えば10伝わるというような専門家同士の会話にもなりがちです。それに慣れると新規アポに弱くなります。一から説明するのが面倒になると新規のアポを避けてしまうからです。小学生にでもわかるレベルに落とし込めるなら、あなたの理解度はかなり高いということです。まずは家族に伝えることからやってみてはいかがでしょうか？

28 営業資料を改善してみよう

新人だからこそ、見えること

「はい、これ営業資料だから。これ持って、●●社行ってきて」と言われたこと、ありませんか？　でも、いまいちその資料がしっくり来なくて、うまく商談できなかった、ということはありませんか？

だったら、自分がわかりやすいように、資料をオリジナルで改善してみましょう。1ページ目でいきなり会社説明とかいらないな……と思ったら消しましょうと言えばいいし、商品のスペックがズラズラ書いてあるけどそれよりは、どういうシーンで使ってもらうかのビジュアルイメージのほうが重要かも？と思ったら、そう変えましょう。自分が変えられなければ上司に提案してみましょう。

営業資料は、文字どおり商売道具です。自分にとって使いやすいものに仕上げる必要があります。資料がわかりづらくて、お客様にサービス提供ができないのは、営業職の責任です。僕は野球でいうグラブのようなものだと考えています。新品のグラブは硬くて使いづらいです。人それぞれ手の形が違うので、自分の手に馴染ませる必要があります。

説明している自分がもやっとするところは改善の余地ありです。「営業初心者の今の自分」にわかるような資料に変えてあげる、という視点が大切です。というのも、**お客様は自分よりも「さらに初心者」だから**です。自分も最初の資料に慣れてしまうと気づけなくなります。

これまで100社以上の営業のコンサルティングをしてきましたが、営業資料のわかりやすい会社は極めて少ないです。

なぜかというと、自分たちは理解していることが多いからです。さらに言うと、できる営業職はあまり自社の営業資料を使わないケースが多く、だからこそあまりブラッシュアップされないという傾向があります。

ちなみに、サイバーエージェントでは、サービスの改善案を15個見つけて、5個提案し、点数を競うという会議がありました。サービス改善案の評価の基準は最小工数・最大成果の視点です。時間と手間のかかる大幅な改善ではなく、少しの時間と手間で変えられて、しかも効果の改善が期待ができる施策が、評価の点数が高いのです。

僕は営業職になる前、Webサービスのプロデューサー時代に、改善案を考える会議にたくさん参加してきました。面白いもので、ほんの少しサービスの仕様を変えたり、文言を変えたりするだけで、クリック率が上がったり、反響が出てきたりするんです。わかりやすく言うと、メルマガやアプリのプッシュ通知の文言ひとつで開封率が変わったりしました。それを毎日並べて見比べることを続けていました。

それ以来、最小工数で最大の成果が得られる改善施策を考える癖が身につきました。それを営業資料でも同様に試し続けています。営業活動でも、表現の仕方ひとつで、決定率は変わりますし、出だしのアイスブレークや自己紹介の仕方ひとつが、その後の会話の広がりを左右します。

一つの営業資料の改善をして、新しい資料が出来上がれば、その説明の流れというのを新たな営業トークとして使えるということです。これは、新卒、中途限らず、若手の新鮮な目だからこそできる素晴らしいことです。

10月

目標達成の話

29

最低目標を立ててみよう

行動のレベルを上げて、結果を出す

僕の会社では、結果ありきの目標を最高目標、結果は関係ない目標を最低目標と定義しています。

最高目標っていうのは売上や受注に関する掲げるべき目標。

ただ、これは相手があって成り立つものです。お客様が発注して初めて受注、相手の会社が入金してくれて初めて売上なので、自分だけではコントロールできない領域です。野球で例えると、どんなにいい当たりを打っても、そこに野手がいたらアウト。逆もしかり。どんなにぼてぼてのゴロを打っても、そこに野手がいなかったらヒットですよね。話を戻すと、どんなにすばらしい提案をしても、「いやあ、昨日決めちゃったんだよね」と言われればドンマイですし、逆もしかり。「すいません、全然準備できなくて、こんな状態で来ちゃいました」という状況でも、「実はうち、9月決算で締めるんだけど、1000万円使わなきゃいけないから何か提案ある？」という棚からぼたもちもあるんです。

最低目標というのは、そうではなくて自分自身で完結できる目標のことです。提案件数、アポの件数、電話の件数っていうふうに、相手は関係なく行動レベルでできること。この2つをきちんと分けて、両方を追いかけることが大切です。

ちなみに、この「最高目標」「最低目標」という言葉は、僕が『スラムダンク勝利学』（集英社インターナショナル）という本を書かれたメンタルトレーナーの辻秀一先生という先生に1年間コーチングをしてもらったことがあり、その先生が文中で提案されているものです。

最高目標だけを追いかけていると、「今月は売上達成できた！」「今月は惜しかった、来月頑張ろう」、これで終わってしまいます。**でもそれをつくりあげている要素、提案件数、アポの件数、電話の数っていうのは自分でコントロールできること**だから、やっぱりそれに集中することに尽きるんです。

だから、運みたいな感じで「今月はよかった」「先月はだめだった」じゃなくて、過程がきちんとできたからこそ、結果が出てくるという順番がやっぱり順当なんです。

だから、**大きな結果を出している人ほど、過程をめちゃくちゃ大事にしています**し、きちんと自分がやれることを行動目標として掲げています。そして、それを続けることによって「自分の最低限できること」のレベルを一個一個上げています。そのことによって、行動のレベルが上がってきて、結果が出やすいという成功のスパイラルに入っていきますし、自信も出てきますのでいいことずくめです。

だから、ノルマとか部内の目標に目が行きがちかもしれないですが、自分の体をつかってできる行動レベルの最低目標を日ごとに設定して、力をつけていきましょう。

「最高目標」と「最低目標」

- 目標
- 着地
- 達成率
- 決定数

＝ **結果**

これは相手ありきの
「最高目標」

- 提案数
- アポ数
- 架電数
- 新規アタック数
- 労働日数
- 労働時間

＝ **行動**

これはコントロール可能。
相手は関係ない
「最低目標」

30

目標をブレイクダウンしてみよう

ToDoは達成するもの

目標を達成できる人は目標を設定できる人です。

コツは、自分が達成できる目標を設定することです。迷ったら目標は下げましょう。例えば「契約を取りたい」と思ったら、一足飛びに契約！とはならないですよね。まずは資料を作る、アポをとる、情報を集める……。いろんなTo Doが出るはずです。目標達成力は、目標設定力によるところが大きいです。つまり、いい目標を設定できれば、半分達成できたも同じなんです。

いい目標とは何かと言うと、**達成可能性が高くて、かつ自分のテンションが上がるもの**。これができれば、ほぼ達成できる。感覚で言うと、腕相撲で組んだときに、あ、いける、っていう感覚ありますよね？　この感覚です。「いける！」と思ったら、人間頑張れるものなんです。だから、そういう目標設定をすることが大事です。

肝心の目標設定力をどうつけるか。

これは目標をブレイクダウンする力をつけることです。

たとえば、僕の会社で、社員が1件受注するために、何ができるかというTo Doリストをつくりました。そこには、10件アポをとる、5件提案する、交流会に35個行くというのがありました。ここで、適切なTo Doの設定ができているかどうかが、達成に直接的にかかわってくるんです。

この場合、交流会はやっぱり決裁者にあたる人が来ているケースは稀だから、これは適切な目標設定じゃなかったね、やめようという話になりました。でも5件提案ということは、5分の1の確率で受注するという目標ですよね。これはなかなかいい設定だということで、こちらの方向で絞っています。

このやり方をいろいろとスライドしていて、100万円受注をどうすればとれるか、と言う話になったら、これもまたブレイクダウンしていく。極端に言えば、1年の目標も同じです。年間通していくら売上をつくりたいのか、その年間目標から単月目標に落とし込んでいきますよね。その目標をひとつずつ達成していくことでもうひとつ大きい単位の目標に近づいていく。これが、目標設定力だと思います。

さらにポイントなのが、To Doは目標なんだから、クリアできたら素晴らしいと感

4月 5月 6月 7月 8月 9月 10月 11月 12月 1月 2月 3月

じること。日本ではTo Doは消化するものっていう概念であまりポジティブな感じがしないですよね。違うんです。大きな目標からブレイクダウンしてのTo Doなわけですから、ぜひやりたい、達成したいことなんです。To Doを目標と置き換えて、午前中に請求書を送る、できた、やったー！っていう感覚、このテンションが上がるという感じがすごく大事です。つまり**これを日常的に感じていって、達成体質になってほしい**んです。それはTo Doを消化してきた実績じゃなくて、To Doを目標と置き換えてできたっていって、自分をほめたたえてきたということの歴史なんですよね。

To Doって基本的に、毎日つくっていますよね？

だからそれをうまく使って、毎日目標設定スキルを磨いていってください。

このTo Doってやっぱり一つ一つは「こなすこと」ではなくて、「目標」なんです。なので、繰り返しになりますが、それを達成できたことを、消化できて当たり前と捉えるのではなくて、達成できたんだからすごいことだよって思う癖がつくと、それが積み重なったときに、あなたは達成体質になっていくと思います。

31

絶対に目標を途中で下げないようにしよう

目標設定力の重要さ

たとえば、1000万円の年間目標があったとして、毎月50万円の売上が続いていたとします。これをそのまま×12にすると年間売上600万円。じゃあ、目標600万にしよう、じゃないいんです。こうやって途中で安易に下げるのは癖になるので、やめましょう。そうではなくて、今の売上で推移すると600万、じゃあああと400万円、なんとかみんなでつくろう！　どうする？　っていうふうに**自分たちで自分たちを鼓舞していく**。そういう姿勢を大切にしてください。どうしても下げたくなっても、ちょっと時期を後ろにずらすとか、目標自体を少し変えるというふうにして、「ダメだった……」という感覚が残らないようにする。こうやって、視点を変えること自体も十分、スキルなんです。

目標について、大企業だからどうする、中小企業・ベンチャー企業だからどうするという切り分けは特にありません。相対的に大企業の方が自分の頑張りが世の中に与えるインパクトが大きい一方、中小企業・ベンチャー企業の方は、自分の頑張りが会社に与える影響が大きく、会社を自分ごととして捉えやすいと言えます。

目標は目的ではありません。目標は手段です。継続的に会社や自分の成果を高め、成長を続けるための一つの手段です。達成する力も大切ですが、自分と会社と業界の状況に応じて適切な目標を設定することの方が大切です。はじめのうちは、自分で設定する機会はなかなかないと思います。会社から与えられた目標を自分なりの言葉に翻訳することも立派な目標設定です。

いずれにせよ、出世したら自分で設定することになります。ＡＩをはじめ業務の遂行、単純作業の達成自体は、人間以外がこなしていく時代になります。人間に求められる力は目標の「設定力」の方です。目標設定力が、ビジネスパーソンとしてネオ差別化ポイントになると僕は感じています。

組織の状態と向かう先に合わせて、自分がやるべきことを定義し、目標によって自分を高め、目標によって組織を引っ張る力が求められます。それが目標設定力です。途中から下げてしまうと、設定スキル自体の改善ができなくなってしまうのです。

32

目標を管理してみよう

「目標は設定が5割　管理が5割」

これは、簡単に言うと、管理する＝進捗を追うという作業が一番大変ですということです。

例えばライザップも言ってみれば管理の会社なんです。要はやせ方はもう示されているんです。こちらの設定している食事を、この期間続けてくれればやせます、目標体重になります、そういったメソッドがもう確立されているんです。食べてはいけない食材や推奨の食材なんかもちゃんとあって、期間中に便秘になったらこう対処する、というような細かいところのフォローまであります。

僕の友人が入会して、見事にやせたのですが、その経過を僕が見ていて思ったのは「管理してもらう」ということの重要さ。

友人は期間中、毎日の食事を写真に撮ってレポートを送って、フィードバックを毎日もらうということをやっていました。人に見られているということや、現状の適正

4月
5月
6月
7月
8月
9月
10月
11月
12月
1月
2月
3月

な把握、モチベーションの維持など「管理してもらう」ということに関連するメリットが多く見えた出来事でした。

振り返ってみれば、僕自身も営業のコンサルタントをやっている顧客に何をしているかというと、半分以上が管理なんです。毎回毎回細かな提案や指導を持っていったりするわけじゃなくて、「目標に対して進捗はどうですか」と聞いてそれを聞きながらじゃあこうしましょうかという対話を中心に進めています。裏を返せば、自分での管理が難しいから僕に仕事をくださっているとも言えるわけなんです。

じゃあ自分で目標を管理するにはどうすればいいかと言うと、計測可能で、期日のあるものを目標として設定することが大切だと思います。それがないと管理が難しくなります。例えば同じ「売上1000万円」という目標も、1か月以内なのか1年以内なのかで意味が変わります。1か月以内だとした時、達成できる人は、進捗に関して、いつ聞かれてもすぐに答えられます。逆に達成できない人は、進捗に関して「えっと、確認します」という具合に、頭に入っていなかったりします。

進捗を追えていないと、自分自身の現在地点を見失うことになります。目標に対する現状とのギャップを埋めることがビジネスパーソンとしての一番の仕事です。自分の目標と現状をその都度把握するための進捗会議は必須です。

また、目標に関しては、そもそも「覚えやすい」「わかりやすい」ものに設定しておくことも大切です。端数は切り捨てたり、ゴロやキリのいい数字にすることも目標設定スキルの一つのテクニックです。

僕はその月や年間の目標は、スマートフォンの壁紙に設定しています。理由は、意識せずとも毎日目で見て確認できるからです。強く意識するだけで達成できる人は、そういう努力はしなくて大丈夫です。ですが、多くの人は意識だけでは忘れてしまうと思います。「強く意識する」というのは、動作に落とすと「毎日目で確認する」ということに置き換えることができます。デスクに張り出すことなどもおすすめです。

4月
5月
6月
7月
8月
9月
10月
11月
12月
1月
2月
3月

11月

人脈の作り方

33

単なる名刺集めをやめよう

自分はかけ算できる対象か？

「営業は人脈があったほうがいい」

「若いうちに人脈をたくさんつくっておかないと」

と考える方は多いと思います。「名刺の数＝人脈」ではないこともわかっているはずです。でも、人脈が営業の成果に影響することも理解しているかと思います。

人脈とは、自分のやりたいことを実現するための一つの手段です。人脈は目的ではありません。目的がないのにつながっているだけ、それを維持するだけでは意味がなくて、**使うために仕入れる「生もの」**です。

たとえば、Facebookでつながっていて、面識があったとしても、1〜2年話していなくて急に何かをお願いするのは、難しいです。

「すごい人の名刺を集めたい」という気持ちがあっても、「いつか」のためにつながっておこう、というスタンスだと、その名刺交換は意味を成しません。自分に何か提供できる価値がない限り、仮にアポを取っても、時間泥棒になってしまいます。逆に、こちら側のつながっておきたいという気持ちを見透かされて、いいように使われてしまうというケースもあります。

それよりは、**相手から「名刺交換したい」「あの人に会いたい」と思われる自分**になる努力をするほうが生産的です。自分の魅力が高まると、アポも取りやすくなりますし、紹介もされやすくなります。

僕の例を話します。教育ビジネスに携わっていきたい、というふうに仕事の中でやりたいことを明確にすることでつながりが得られました。教育ビジネスのトップの人とつながる必要がある→ふと見てみると代ゼミの社長が慶應の野球部の先輩だった→連絡してみよう、というきっかけでお会いすることができて、臆せずビジネスの提案をさせていただく機会を得ました。若いうちこそ、変に遠慮せずに会いたい人にどんどん会いに行っていいのではないでしょうか。

相手から会いたいと思ってもらえる自分にどうやってなるか。それは、自分と会う

4月 5月 6月 7月 8月 9月 10月 11月 12月 1月 2月 3月

ことで、相手にどんな変化を提供できるのかを明確にすることです。言い換えると、自分がかけ算できる対象になるということです。具体的には自分にタグづけをすることです。

僕が代ゼミの社長にお会いしたときには「教育×コンテンツ」というタグをつけました。そして実際すごい人にお会いして気づくのは、自分がかけ算できる対象となり、希少性の高いレアカードになれれば、名刺交換することでもう少し楽しいビジネスができるはずだし、もっとレベルが高いビジネスに出合えるきっかけが作れるはずだ、ということです。

僕はそこに営業という旗を立てました。すると、営業で困っている会社はたくさんあるので、たくさん相談がきます。「教育」「コンテンツ」「営業」というタグをつけて、発信を増やしたら、大学院での講師業の依頼をいただきました。そこで新たな教育業界の重鎮の方々との人脈を築くことができました。

より高いレベルでの人脈を作るためには、自分自身の「ドメイン」と「レベルの高さ」をひと言で示す必要があります。それは名刺には書かれていない話かもしれません。自分が何屋さんで、どこまでの実績があるのか。社名と肩書きだけで通用する人はごく一握りです。自分がどんな分野でかけ算の対象になれるか、という視点で一度考えてみるといいかもしれません。

初対面の相手に対して、次の3点を伝えられるかをチェックしてみましょう。

1 どんなメリット（効能）が提供できるのか

2 なぜそれを言えるのか（実績）

3 競合・ライバルは誰で、どう違うのか？（ドメイン）

自己紹介のタイミングは、これら3つを伝える絶好のチャンスです。この自己紹介の繰り返しが、自分を磨きます。初対面以外ではなかなか自己紹介をするチャンスはやってこないので、貪欲に活用していきましょう。自己紹介だけでなく、商品紹介も一緒です。

34

先輩に甘えてみよう

社内9割 社外1割

いま、この本を読んでくれている人は、多くの人が会社員だと思います。せっかく会社に入ったのなら、会社の人脈、社内のつながりをフルに生かしましょうということをまずお伝えしたいと思います。

人脈の作り方は社内9割、社外1割です。身内と仲がいいということが、やっぱり一番強いんです。社員と仲がよければ、その社員のつながりを使って、知らないことを外部の人にすぐ聞けたりしますし、仕事したい会社があれば「●●社にお知り合いの方はいますか?」の一言で、誰かを紹介してもらえたりもします。逆に、社内の人と密でないと、全部一人でやることになります。

あえて一匹狼でいるというやり方もありますが、基本的には会社の人脈をフル活用できる人のほうが出世も早いし、信頼もされやすい。仕事も回ってきやすいし、独立後も懇意にしてもらえます。会社で仕事ができる人の多くは、社内人脈に長けている人です。自分がわからないことがあるとき、不得意な領域の課題に直面したとき、誰に聞いたらよいのかを瞬時に判断し、気兼ねなく話を聞きに行ける人です。**会社を自分の身体のように使いこなせる人が社内人脈を持った人**といえるのです。

現に僕も独立後も、古巣サイバーエージェントの先輩たちにガンガン相談をさせてもらっています。逆に相談をもらうこともあります。同じ会社だったというだけでなく、一緒に高い壁を乗り越えたという経験が、仲間意識や連帯感を生み出しました。新入社員時代の自分にスキルなんてありませんでしたし、先輩の足を引っ張りまくっていましたが、後輩というタグがついているだけで許されていました。そのゴールデンタイム中に甘えまくった結果、今でもビジネスをご一緒させてもらえる関係になりました。これが同じ会社の後輩という特権です。

「わからないことは調べてから聞きなさい」と教わった方も多いと思います。しかし、業界内での最先端の知見や、もっとも大切な情報というのは、いつの時代も調べても出てきません。古くは辞書、今ではインターネットに、まとめられている時点で古い情報なんです。それはそれで大切な情報ですが、ビジネスのタネである「お客様の悩み」というのは、Google検索では出てきません。必ず現場に落ちています。それを自分一人で見つけることができない時に、**その領域に対して、社内で誰が詳しいのかを把握していることが仕事のスピード、クオリティに直結します。**

社内で一番詳しいのが社長だとしたら、臆せず社長に話を聞きに行くことをおすすめします。社長や自分より明らかに知見が豊富で忙しい人に対して、ビビってしまう方も多いと思います。しかし、仕事のクオリティはスピードとセットです。迷っている間に時代は進んでいきますので、その時恥ずかしくても、勇気が必要でも、きっと「あの時、ビビらず聞いておいてよかった」と思える日がくるはずです。貴重な時間をいただいたなら、後から倍返ししましょう。貴重な時間をあえてもらうことで、自分自身にもいい意味で「成果でお返ししなければ」というプレッシャーをかけることができます。

だから、まずは社内で先輩に甘えてみるということをやってみましょう。甘えてみるというのは動作で言えば、相談や質問をすることです。先輩という存在は、何を質問しても、なんだかんだちゃんと答えてくれますから。甘えましょう、質問しましょう、相談しましょう、これです。

35

勉強会、セミナーに行こう

自分の存在価値は何か？

若いうちは、社外の人脈はあんまりいらないとは言っても、勉強会やセミナーに行ってみることはおすすめします。

ただ、これは勉強会やセミナーで仲のいい人をつくりましょう、という意味ではありません。これは章の冒頭でも書いたように、**相手にとって自分が「かけ算できる対象」となっているか**、自分のタグを確認し、磨き上げるためです。

タグづけするためには、自分自身の相対的な価値を知る必要があります。

「自分自身の相対的な価値」は、社内にいるだけだと気づきづらいです。勉強会やセミナーを利用して、外部でスキルアップに励むビジネスパーソン触れ合ってみましょう。そこで自己紹介をしてみましょう。嫌でも自分自身の相対的な価値に気づけるはずです。

4月 5月 6月 7月 8月 9月 10月 11月 12月 1月 2月 3月

僕自身の話で言うと、自分が担当している領域についてのテーマのセミナーには可能な限り足を運びました。新卒当時は、スマートフォンのアプリ開発を行っていましたが、当時は社内にも詳しい人がそこまで多くなく、自分が社内でも業界でもトップランナーの気持ちで最先端の情報を知っておくために足を運びました。

最先端領域のセミナー・勉強会では、講義内容自体に学びが多いです。一方、交流会がメインのイベントでは、それ自体に学びはありません。代わりに登壇者やイベント主催者とのつながり自体に価値が生まれます。そこでの出会いをきっかけに、今後電話やメール、ＳＮＳなどで気軽に相談ができる相手となれば、セミナーに参加した価値はあります。

僕自身、たくさんのセミナーや勉強会に参加して一番学んだのは、自分自身にかけ算ができる何かがないと、その他大勢と変わらないという危機感でした。社内では「●●と言えば福山さん」のようなブランディングができても、その●●に詳しい人たちに囲まれた時に、自分自身の存在価値を再認識させられ、自分は何者でもないという事実に気づかされました。自分が何者かでない限り、自分よりレベルの高い人からは見向きもされないという現実にぶち当たりました。

自分は、この中の人たちと比べて秀でた何かがないかもしれないと、肌で感じることで、翌日からの仕事への取り組みが変わりました。 具体的には発信を社内外にできる限りしました。ブログでの投稿や、インタビューメディアへの掲載の依頼、先輩のアポイントへ同行させてもらうことで、様々な会社へのアウトプットの場を貪欲に獲得しにいきました。独立した今でも、その経験は役立っています。

会社の仕事を一生懸命覚えていれば、実務のスキルはもちろんついてきますが、それだけだと仕事をしていく上での新しい考え方だとか、社外の人はどういうことをやっているんだろうとか、そういったことに触れるきっかけが得にくいんですよね。だから、勉強会やセミナーに定期的に行くことを習慣化しましょう。具体的には、勉強会やセミナーをスケジュールに入れてください。かけ算の自分のタグを作るために。勉強会、セミナーで名刺交換するとしたら、登壇者と主催者、この2人だけでOKです。来ている人のものはいらないです。

登壇者と主催者と名刺交換したら帰りましょう。で、仕事しましょう。

36

1分間自己紹介のスクリプトを作ろう

未来の自分への宣言を

かけ算できる自分を作る、そのために必須なのが自己紹介、プロフィールです。それを整理することによって、お客様がプロフィールを見たときに「この人ならこういうことがお願いできるかも」「こういうことができるかも」と想像してもらえるようになります。

そのプロフィールを作るときに手っ取り早いのが1分間の自己紹介を作るということです。ポイントは**文字数300字で、キーワードを3つ入れる**こと。キーワードは、過去、現在、未来で作ってください。

過去→「昔、野球をやっていました」
現在→「今、こういう仕事をしています」
未来→「今後はこういうことをやっていきたいと思います」

この3つで相手と共通点が得られる可能性が広がります。
ちなみに商品紹介の場合はWhy、How、Whatを使うのをおすすめします。
順番で言うとWhat、Why、Howですね。

What→「営業のクラウドソーシングサービスです」
Why→「なぜこれが必要かというと、営業職の採用にはリスクが伴うからです。視覚的なコストと金額的なコスト、かつ雇っても本当に力が発揮できるかどうかわからない、でも絶対必要です。だから、我々はそれをクラウドソーシングというかたちでやります」
How→「ちゃんと1人ずつ会って適性と実力を確かめてから登録しているので、品質は保証します」

こんなふうに、商品紹介の場合はこちらが適しています。
一方、自己紹介の場合は過去、現在、未来のほうがストーリーとして覚えてもらいやすい、そんなふうに言えると思います。ちなみに、未来については、そこまで立派なものでなくても大丈夫です。最初から公明正大な未来を描けている人はそれでいいですが、みんながみんなそうではないと思います。シンプルに出世を目指し、そこを未来に掲げることから始めてみてはいかがでしょうか？　出世に興味がなくても、です。自分が何かやりたいことを見つけた時に、偉いほうがやりたいことは実現しやすいものです。組織の中で生きていく場合はなおのこと。独立して生きていく場合も、社会的な出世という考え方はあります。

自己紹介で、自分の未来について語る時「自分が偉くなります、出世をします」というだけでは応援してくれない人にも出会うはずです。その時に未来に対する言葉を改善すればよいと思います。

例えば僕の場合「3年以内に子会社の社長になります！」と、新卒時代に宣言を続けていました。なかなか成果が出ず、苦しんでいた時に、ある先輩マネージャーに「福山くんが出世をすることで、社会に対して何を還元することになるの？」と聞かれました。そこでグッと考えて絞り出した答えが「勇気を与えることかもしれません。仕事で成果を出せなかった人が、段々と成果を出せるようになり、後輩に対して、自分と同じ苦労をしないで済むように、自分が獲得してきた知識や知見、仕事術などを伝えていけたら、それは人に社会に勇気を与えることになるんじゃないかと思います」と。咄嗟に出てきた答えですが、社会人7年目の今でもそのビジョンは変わらず持ち続けています。そして、今こうして筆をとっています。

37

本音を話す練習をしてみよう

すぐには、打ち解けられない

本音を話す、腹を割って話すと言うと、家庭内不和とか自分の悲壮な生い立ち……みたいなイメージを持つ方も多いみたいなんですけど、そうではないんです。

仕事上で、本当は、どうしたいと思っているのか、ということです。「とにかく稼ぎたい」のか、「仕事で成功してモテたい」のか、「いまの会社に不満がある」のか。建前じゃない本音の部分っていうのは、「さあ、打ち解けよう」と思って、出るものではありません。やっぱり練習が必要なんですが、おすすめの方法が2つあります。

1つめが**非公開のブログ**。

これは、表には出しづらいようなエゴな部分も含めて、こう思っているということを書いてください。そして2つめが、**そのブログの内容を話せる相手を1人見つける**ことです。その人には胸襟を開いて、飛び込むようなつもりで赤裸々な本音を話しましょう。

「本当は別の部署に移りたいと思っている。でも上司によくしてもらっているから結果も出したい」

「正直に言うと、この商品にそこまで思い入れはないけれど、世の中をこうしていきたいという熱い思いはある」

「アプリのプッシュ通知で世の中が変わるとは思っていないけれど、若者が活躍しているということを示すことが、日本の未来を作ると思っている」

　こんなふうに、なんでもいいんです。

　これを継続することで、いざお客様と突っ込んだ話になった場合も、いつも聞いてもらっている相手に話すように、すっと本音の部分が出てくるようになります。そうしたら不思議なもので、こちらが本音を出すと、相手も今までは出てこなかったような本音を出してくれるんです。

　きれいごとに聞こえるかもしれないんですけど、自分自身がかなり経験してきたことなので、やっぱり大事なことだと思います。そういうふうに飛び込んでみる、そういうところで初めて本当の人脈というのが見えてくると思います。

12月

振り返り月間2

38

自己紹介三種の神器をつくろう

初対面の印象が180度変わる

年末の12月、4月からの自分を振り返ると共に、来年への種まきをするという点で、僕がおすすめする紹介営業の「自己紹介三種の神器をつくる」という課題をここでは提案したいと思います。

これは、紹介営業で使う際に必須の三種の神器、名刺、パワポ、URLのことを指します。Aさんに B社を紹介してもらう、というときに、Aさんが紹介しやすい自分であることを助けてくれるのがこの3つ、と思ってください。

●名刺

僕の場合は、3種類持っています。

自分の推したいサービスを出したもの、鉄板のサービスを出したもの、自分の経歴の紹介がわかるもの。これを、相手によって出し分けています。トランプで大富豪をやるかのごとく、**どれを渡せば次につながるか逆算して渡します。**名刺のポイントは、キーワードを3つ出すこと。僕の場合だと、「売上」「野球」「サイバーエージェント出身」、この3つです。こういうふうに1つにしぼらずにちりばめておくことで、うまくいけば、何かしらに反応してもらうことができます。

会社から名刺をもらっていると思うんですが、その場合は裏面に自分のキーワードを貼りましょう。それが難しければ、自分で名刺を作りましょう。1000円もあれば、100枚作れます。

さらに言うと、名刺は何回でも渡してください。名刺の役割は「次につながること」です。「これ、この前お渡ししましたっけ」じゃないんです。名刺は大事に取っておいてもらうものじゃなくて「初対面」×「立ち話」のときに見てもらい、次の商談につなげるためのツールです。本当にオーソドックスな名刺で社名と名前だけだったら、「へー、南青山にあるんですか、おしゃれですねー」で終わります。2回目でも渡して、まったく問題ありません。

●パワーポイント

これは、「初対面」×「座り話」のときに使うものです。

これも、名刺同様、自己紹介プレゼン資料になっているものが必要です。個別の商品だけの資料だと、その商品は間に合っているとか、今はいらないです、となってしまうと選んでもらえない可能性が出てきます。だから、**商品ではなく、自分自身に興味を持ってもらうための資料**が大事ということです。これがあれば、会ってもらう理由はなんとでもつくれますし、関係がつながっていけば、信頼関係がある私が紹介する商品です、信頼関係がある私が紹介する誰々です、というふうに広げていけます。

●URL

これは会う前の情報提供です。

会う前にその人がどういう人かがわかれば、初対面であっても話しやすくなります。ウェブで見てもらっておくことで質問をもらいやすくなったり、一から説明する必要がなくなります。新規営業は質疑応答の長さが決定確率に大きく影響します、これは、ホームページをつくりましょう、というようなハードルの高い話ではなくて、自分の名前と経歴と座右の銘とか大事にしていることなどが書いてあるURLがあれば、送れるという話です。

あと、紹介してくれるAさんに対しても、紹介のしやすさにつながります。URLを送ってもらって「こんな人です、会いますか」っていう、これが一番簡単なんです。

39

タスクではなく、目的から考えよう

ディティールの話に終始しない

タスクを与えられたときに「タスクから考えるのではなく、目的から考える」。電話営業を100件したのに、成約0件でした……というように、頑張ったつもりが成果につながらないということが、営業活動ではよくあります。先輩たちは「自分たちもこうやってやってきたんだから」と言うけれど、非効率に感じる……そういうものは、疑ってみてOKなんです。そうやってビジネスは進化します。

僕の会社では、タスクから考えることをディティールと呼んでいます。

たとえば、朝、会社のメンバーに今日やることは何ですか、と聞いたとして「●●さんにメールを送る」「●●さんにこの文言でいいか確認する」みたいな返答がきた場合、これはディティールです。最初の電話営業100件にしても、これは膨大なタスクですから、これを消化すること自体が目標、みたいな感じになってしまいます。

そうではなくて、そもそも今月は何をしなきゃいけないのか、もっと言うと営業職としてやらなければいけないミッションは何か、という目的を起点にして、今日やるべきことを落とし込めると理想的です。

たとえば僕の会社では、営業職のことを「アカウントプランナー」と表現しています。これは日本だとどうしても営業という言葉に、押し売りとか無理やりな売り込みといったマイナスイメージが強い側面があるのも理由です。アカウントプランナーとは、「お客様のビジネスを成功に導く人」と定義しています。アカウントプランナーの仕事の目的は、商品を無理やり売り込むことではなく、お客様のビジネスを成功に導くこと。その目的の部分から考え、目的達成のために自社の商品が必要なければ売ってはいけません。予算がなければ予算の捻出方法から一緒に考える必要があります。まず一番にやらなくてはいけないのは、目の前のタスクを片づけることではないはずです。お客様のお困り事が何で、どういうスケジュールで達成していけばいいか、進捗は追えているかきちんと確認していく……と。全ての目的を「お客様のビジネスが成功するためにどうすればいいか」から発想しましょう、という僕なりのメッセージです。

この視点を持つと、細かい努力、細かい仕事に対して、内容は同じでも目的意識が少しはっきりしてくるはずです。**ミッション起点で物事を考えているので、視野も広くとれます**し、そのことで、よくよく考えればしなくていいという類の無駄な努力をすることもありません。

イソップの物語で、ある旅人がレンガを積む職人に何をしているのか尋ねたところ、レンガ積みをしていると答える人、レンガで壁をつくり家族を養っていると答える人、レンガで歴史に残る大聖堂をつくっていると目を輝かせながら答える人がいた、というような話があるんですが、この話にも通ずるところがあるなと思います。

そもそも私のミッションは何か、さらに言えば、自分の会社のミッションがどういうミッションなのか、ビジョンなのかというところから発想すると、同じタスクでもやる気を持って、モチベーションを下げずに取り組めるんじゃないかなと思います。

意味づけは自由です。意味づけは無料です。

人間は意味づけひとつで、どこまでも頑張れる可能性のある唯一の生き物だと僕は思っています。

40

問題発見と問題解決をしよう

御用聞きになっていないか

問題発見と問題解決、どちらが大切だと思いますか。解決に目が行きがちですが、「よい問題発見は、解決を助ける」と言われています。

お客様からの話で「ここが課題だから、この商品をください」と言われても、言われた通り動くだけでは足りません。お客様の言うことの全てが正しいわけではありません。営業職の仕事の目的は、お客様のビジネスを成功に導くことです。リクエストされたことをただその通りやるのではなく、お客様の立場で最適な意思決定は何かを考え抜くことが営業職の仕事です。お客様の視野が狭くなって目先のことしか見えていないケースもあります。

ここで立ち返ってほしいのが「そもそも、なぜこの仕事をしているのか」ということです。「御社のビジョンはこうですよね」「中長期の目標を考えるとこちらのほうが優先度が高いように思います」など、大局的な視点で提案してみましょう。お客様の会社の中の人では見えない視点を提供することも営業職の務めです。こまごまとしたお客様のリクエスト・依頼に全てきっちり応えることは大前提、大事なことです。加えて、前述のような本質的な逆提案ができる営業職は信頼してもらえます。

この逆提案をするための魔法のキーワードがあります。

それは「そもそも」です。**問題発見と問題解決**の両側面から解説します。

例えば「広告費用がいくらあるので最適なプランニングをして欲しい」というのは問題解決です。すでに問題を提示されて、その解決策を求められています。

この問題解決のシーンで、問題を再定義することが逆提案です。「そもそも、広告費って使いきらないといけないのでしょうか?」「新卒採用が10名が目標ということですが、そもそもなぜ10名必要なのでしょうか?」などです。この問題発見能力は、問題を発見した回数によって磨かれます。お客様から何か質問や要望を依頼されるたびに「これってそもそも……?」というように頭を働かせましょう。

目上の人には使いづらいかもしれませんが、大丈夫です。同じビジネスの目的に立ち返り、フラットに問題を発見する姿勢は正義です。

41

営業における段取り力を高めよう

もっと余裕持って行動したら？

たとえば、「今月末に新規事業を提案してください」と言われたら、どんな準備が必要か。これは、夏休みの宿題理論と全く一緒で、月末ギリギリに焦ってもいいアウトプットなんか出せないので、もらった瞬間にすぐに着手するに限ります。図のAさんとBさんを見てください。同じ宿題を提出しても、高確率でBさんの方がいいアウトプットが出せるんです。

なぜかと言うと、Bさんは最初からそのことを意識して過ごしていることで、同じ映画を見ても、同じバーベキューに行っても、同じ旅行に行っても感じ取る風景が違ってくるからです。旅館で働くって面白そうだなとか、この映画に携わる●●っていう会社はどういう会社なのかなと疑問を持ったり……というふうに、見えること全体を自分の「将来の夢の作文」と紐づけて考えられる。

スピードについて（夏休みの宿題理論）

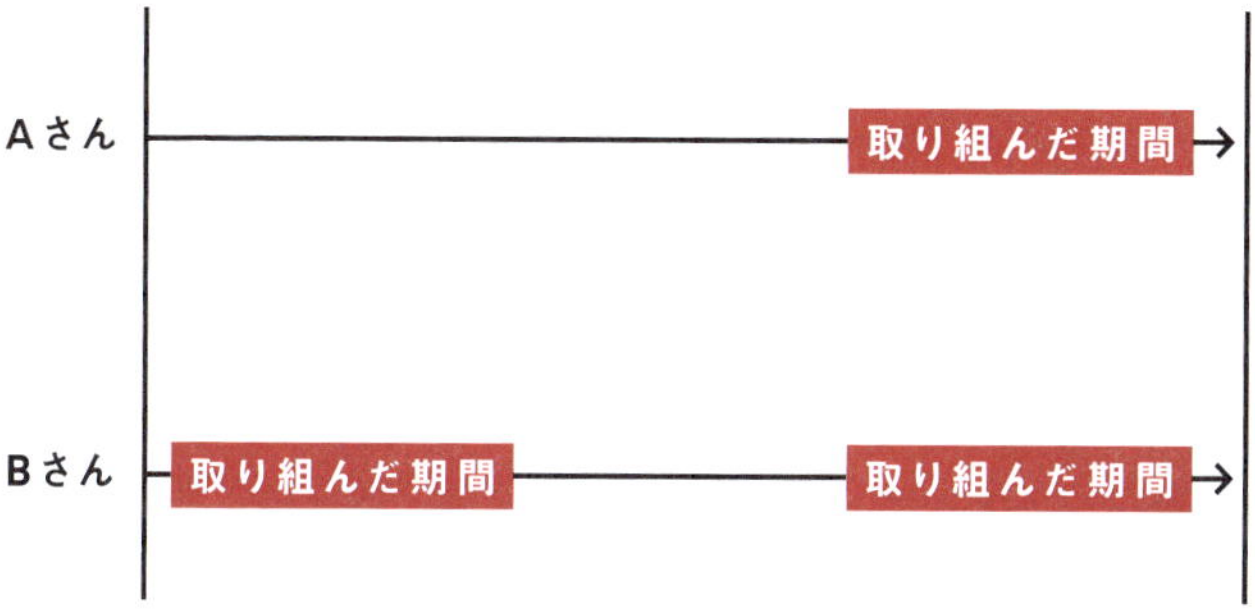

・すぐに着手したBさんのアプトプットの方が洗練される
・同じ世界を見ても感じ方が変わる
・途中の過ごし方が変わる
・着手が早いほうがいい理由

この例から言えることは、何かを段取りするにあたって、着手が早いほうが情報量が増えるということ。もうひとつメリットがあって、期限前にスタートしたとしてもいろいろと不測の事態が起こって計画通りに進まないこともあるから、やっぱり早めに手を打って、バッファーが取れる状態というのは精神的にもラクなんです。

時間ひとつとっても、車が渋滞するとか、電車が遅延するとか、いくらでもそういう可能性が考えられますよね。でも、それはお客様には関係ない。「すいません、電車が遅延したんで」というのは、お客様からすれば、「逆算ができていないだけ」という話になります。だから、予定通りにいかなかった場合にどうするかという準備も段取り力の大事な要素ですよね。

たとえば、今日僕は朝、勉強会を開いてきたんですけど、プレゼンテーションの資料については、いろいろ準備していました。デスクトップにもおいておくし、Dropbox に入れるし、SlideShare も利用する。最悪、パソコンが壊れたとしても一応開ける状態というところまで準備しておきます。

段取り力というのは、**タスク分解力×優先順位決断力**。やるべき項目をまずは洗い出す力。そして、その項目の中で、どれが優先度が高いかを決める力のことです。なにかチームでやることが持ち上がれば、タスクを振り分けられる人になるんじゃなくて、自分でタスクを振り分けに行く、くらいの気構えで段取り力を高めていってほしいと思います。

42

7つの項目をヒアリングしよう

できる営業マンは、話を聞ける人のことだからね

今月は契約がとれなかった。数字がよくなかった。

そういうときについ出る言葉として「来月は頑張ります」というのがありますよね。でも、これも「頑張るって、何を頑張るの？」っていう目線を持ってほしいと思います。誰でも「頑張る」っていうことはできますけど、やっぱり曖昧なんです。だから、動作に落とし込むということをしましょう。

営業職としては結局、数字が出せなかったことがまずいわけなので、それはなぜかというとやっぱりお客様とのアポのときに「頑張れているか」どうかにかかってくると思うんです。

先日の勉強会で「アポは取れるんだけれど、次の段階になかなかつながらないんです。お客様のお話はしっかり聞いているはずなんですけど……。1回お会いして次の日程をくださいというといただけないんです」という相談がありました。そこで、

「しっかり聞くってなんですか？」と問いかけると、「あ、わからないです……」っていうふうに返答に詰まった、ということがありました。

これも、「しっかり聞く」を動作に落とし込むということがポイントです。

僕の会社では、聞いてもらうことを7つ決めています。

①目標
②現状
③課題
④課題に対する過去
⑤課題に対する現在
⑥課題に対する未来
⑦決裁フロー

この7つをちゃんとヒアリングできていたら、しっかり聞けたということになります。①〜③までは、みんなやっていると思うんです。でも、④〜⑦をちゃんと聞くことで初めて、課題に対する提案というのをすることができる。

課題に対しての過去、現在、未来も聞いてください。この対策はやったことがある、今こういう対策をやっている、来月からこういう対策をやろうとしている。これを聞ければ、後で提案を持っていったけど、既にやっていた、かぶっていて使えなかったということにはなりませんから。商品が何であろうと、このヒアリング項目で、大丈夫です。でも、このヒアリング項目も、1回目の訪問で機械的に聞いて聞き出せるかというと、やっぱり難しい。まだお客様も様子見の段階ですから。だからこそ、自分から本音をどんどん出していく。その上で、お客様の元にとにかく足を運んで、インターネット検索では出てこない生の声を聞き出すこと、これが大事なんです。

最後に⑦の決裁フローについても、少し書かせてください。

たとえば、提案を持って行っても、「上司に確認します」「会議に出してみます」っていうことはよくありますよね。でもここがぼんやりしていると、いつ返事がもらえるかわからない宙ぶらりんの状態になるということがままあります。でも、「あなたは決裁者ですか」と聞くのは失礼なので、「御社の決裁フローを教えてください」と質問すれば、かなりスムーズです。そこで、「別の上司、役員、最後に社長決裁があって、そこでOKになれば本決まりです」という回答なら、それを見込んで「もっと練ってみます」とか「2段階に分けて資料をつくります」とか、決裁してもらうための提案ができます。

しっかり聞く、というのはこういうことだと思います。質問項目を準備する、その項目にきちんと沿って提案資料を用意する、提案の前日までに資料を出力して、準備しておく。

こうやって、心でだけじゃなく、手と足を使って何ができるかをきちんと考えるということが「頑張る」ということになるのではないでしょうか。

4月 5月 6月 7月 8月 9月 10月 11月 12月 1月 2月 3月

Column 3　帰社時にやることリスト

その日やることと決めたことができたか確認する

朝、その日のタスクを列挙していると思います。それがいくつできたかを確認しましょう。この振り返りが自分の仕事力を高めます。ここでの仕事力とは「タスク（目標）設定能力」です。スキルアップに必要なのは「頑張ること」ではなく「現状を正確に把握すること」です。自分の力がどれくらいなのかを把握していなければ、仮に同じアドバイスをもらっても吸収力が変わります。「やることができたか」の確認は、自分自身のタスク遂行能力が計測できます。できていないことを恥じなくて大丈夫です。やると決めたことがいくつできたか、正確に向き合いましょう。

翌日やることを箇条書きで洗い出す

前述の「やると決めたことができたか」の振り返りを踏まえて、翌日のやることを箇条書きで列挙しましょう。これが「タスク設定能力」です。タスクとは目標とも言い換えられます。1か月間の目標は、言い換えれば1か月間のタスクです。目標達成とは、タスク遂行とほぼイコールなのです。日々のタスクを遂行できたかどうかを確認する、自分自身へのフィードバックがビジネスパーソンとしての自分をどこまでも高めてくれます。業務時間中は振り返る暇がないと思うので、帰り道にふと考えて見てはいかがでしょうか？

外してはいけないタスクをスケジュールに入れておく

どうしても漏れてしまったタスクは、ノートや付箋だけでなく、スケジュールに入れておきましょう。「資料を作る時間」や「調べ物をする時間」など。社内外の人とのやりとりを優先してしまうのは営業職として仕方のないことですし、それが仕事です。ただ、タスク漏れが続いてしまうと、心の負債が溜まります。徐々に自信を失うことにもつながってしまいます。おすすめは、自分以外の誰か（なるべく上司）をスケジュールに入れさせてもらうと、概ね漏れは減るかと思います。アドバイスももらえるかもしれません。

パソコンの画面を除菌シートでふき取る

デスクの掃除も兼ねて、パソコンの画面をキレイにしておくことをおすすめします。この手の仕事は重要度も緊急度も高くないため、後回しになりがちです。ただ、パソコンの画面でお客様に何か資料を見せる時に、パソコンの画面が汚いと、「うわ汚なっ」と思われてしまうリスクがあります。それが原因で成果につながらないというケースは少ないとは思います。しかし、プロフェッショナルとは、1％でも確率の高い選択をし続ける人のことです。何が理由になるか分かりませんが、突っ込まれる要因となるもので、自分がコントロールできる範囲のことには責任を持てるはずです。常に清潔に保つのは難しいと思いますので、掃除を習慣化してしまいましょう。除菌シートを買って、デスクに置いておけば簡単な話です。

1月

営業職としての自分の高め方

43

ブログを書いてみよう

なぜ受注できたか、できなかったか？

自分を高めるためにできることは、2つあります。ひとつは成果を挙げること、もうひとつは哲学を磨くことです。後者の「哲学を磨く」ためには、ブログを書いてみることをおすすめします。

なぜブログか。

実は僕は大学時代、野球ノートを60冊程度書きました。毎日毎日、行き帰りの電車で野球のことについて書くということを続けてきました。

でも、そのノートは今実家にあるので、すぐには読み返せません。ところが、ブログはいつでも、どこでも見ることができる。だから、自分のできるようになったことや課題をウェブ上に残しておくことをおすすめします。

よく「ブログはじめたんだけど、続かないんだよね」という相談をいただきます。続けるためのコツは、ブログを非公開にすることです。ブログをやっている事実さえ、誰にも言わないことです。ブログが続かない大きな理由は2つあります。1つは初投稿の記事（エントリー）を頑張って書きすぎること、もう一つは関係者が増えて（出世したり、人脈が広がることによって）、言えないことが増えることです。

ブログ初投稿で長文を書いてしまうと、次回以降も自分自身でハードルが上げてしまうことになり、書く前から力んでしまいます。次第にそれが負担となり、いつしかなかったことになるケースを多く見てきました。ビジネスの場合、お客様との関係性上、不都合が生じる場合があります。関係者が増えると、書きたいことが書けなくなっていきます。ここで推奨するブログを書くという動作は、そもそもブログの読者を増やすことが目的ではないので、別に公開しなくてもかまいません。ノートのようなものです。毎回の仕事で得られた知見を言語化して、振り返るという習慣をつくることが目的です。

見てくれる人がいないとモチベーションが上がらない、というタイプの人は公開記事にするけれど、固有名詞が特定されないようなぼかした書き方にするなど、実名は出さないといったことで、一定の配慮をする形にすることをおすすめします。

振り返りをすることで、自分なりのノウハウを貯め、哲学を磨きましょう。

（「毎日」である必要はありません。定期的な振り返りが重要なので、1日2〜3回更新しても大丈夫です。続けることが重要です。毎日というルールで続かないなら、自分が続けられるようにハードルを下げてみましょう）。

なぜ受注できたか、受注できなかったか。

なぜアポが取れたか、取れなかったか。

たとえば、金曜の夜に電話したら、退社していた。じゃあ、月曜朝一にかけてみる。会議で出られなかった。じゃあ、今度は●時にかけてみる。これは極端すぎるたとえかもしれませんが、こういうことを繰り返すことで、実感として「朝はどの会社も会議が多くて、デスクにいる可能性が高い夕方が狙い目なのか」ということがわかってくる。これは、言葉にして分析するからこそ気づけるポイントなんです。これを繰り返していれば、同じ失敗はせずに済みますし、見えない力が高まっていきます。

44

ゆっくり話そう、図を味方につけよう

話し方が一流でなくてもいい

できる営業職のイメージは人それぞれあると思います。

僕が営業になりたての頃に、思い描いていた「できる営業職」のイメージは、プレゼンテーションが抜群に上手で、話がわかりやすく、面白くて、思わず聞き入ってしまうような、そんなイメージでした。最初の上司がサイバーエージェントの中でも抜群に営業ができる人で、その印象が強く脳裏に焼きついています。しかし、僕自身はとても追いつける人ではありませんでした。今でも全然敵わない人だと思っています。

僕はとても滑舌が悪く、人見知りで、相手の目を見て話すことが極端に苦手です。今でもそれは変わりません。

ただ、自分の話している姿を撮影したり、録音して聴き返すことで、段々とそれを受け入れ、改善する努力ができるようになりました。自分の声を聴き返すこと、姿を動画で見返すことは、最初は無茶苦茶恥ずかしいです。しかし、続けていく中で、

4月 5月 6月 7月 8月 9月 10月 11月 12月 1月 2月 3月

段々と慣れてきました。いい意味で諦めがつきました。それでも成果がついてくると「話し方が一流である必要はないのかもしれない」と気持ちが軽くなりました。最初からうまく話そうと思わず、一つ一つ改善していけば、段々と話し方も上手になると信じてやってきました。

そして、自分自身を分析する中で、他人の話し方のよさやテクニックに気づけるようになりました。割とすぐ真似できる点は2つです。

1つ目は**ゆっくり話すこと**です。

すべてをゆっくり話すのではなく、大切なポイントだけゆっくりと話すことで、印象に残りやすくなります。ゆっくりと話すコツは「、」や「。」を意識して物理的な間を取ることです。聞き手が資料に目を通しながら聞いていたのが、こちらの目を見るようになったら成功です。

2つ目は、**図示すること**です。

ホワイトボードや白紙のノートを使って、書きながら話すことです。目のやり場が統一され、議論が活性化しやすくなります。プレゼンテーションが議論になると、話し方はそこまで気にならなくなります。いきなり図が描けない人は、文字で大丈夫です。文字も可視化されているか、されていないかだけでも会話の質は明らかに差が出ます。文字を書くのも苦手な人は、相手に書いてもらいましょう。可視化するツール（ホワイトボードやノートやペン）がないままに話すよりは、あった方が話し方に余裕が出てきますので、結果的に落ち着いて話すことができます。

4月
5月
6月
7月
8月
9月
10月
11月
12月
1月
2月
3月

45

情報は浴びるようにキャッチしよう

アウトプットのモトを得る

普段の情報収集がビジネスパーソンとしての差別化要素の一つです。何か課題を与えられたとき、会議で発言を求められたときに、そこから調べるのでは遅いです。日本経済はどうなっているかとかIT業界はどういう流れになっているか、ウォッチし続け自分の言葉にしていれば、なにか、提案を求められたときにすんなり提案できたり、判断できたりします。

ただ、営業職についてまもないうちは市場の動きや相手先の会社がどんなビジネスモデルかとか、時価総額がいくらかとかわからないケースもあると思います。

そこで、おすすめしたいのが**取引先の会社名を Google アラートに登録する方法**です。僕の場合は社名で、約200社登録しています。その会社の新しい情報が出ると、自動的にメールが届きます。これは、社名に限らず、自分が興味を持っているキーワードなんかでも有効です。200社も登録していると、それはもうどんどんメールが来るんです。そのメールに対しては、いちいち解釈を入れずにただ浴びるように見る、ということをしています。それでもその情報を1個見ておくだけで、いざ取引先の会社と打ち合わせに行くとなったら、事前に慌てることなく「そういえば、新しいサービスをリリースされましたよね」などと話題を提供できます。

自分が何かを提案するときも、普段からどれくらい情報を浴びているかは如実にアウトプットに影響します。僕は、社会人1年目のときにアプリのプロデューサーをやっていて、企画を出してと言われても、10本中10本野球関係のアプリという状態でした。やっぱり、自分が知っていることじゃないと、企画も出せません。そういう意味でも、情報量はやっぱり大事です。

量が多くなると思うので、全ての記事に目を通す必要はないです。ただ、どこにいけばその情報にたどり着けるかを把握しておくことは、仕事のスピードとクオリティを高める上で必須です。具体的には毎日ニュースのタイトル（見出し）を見ておくということです。

僕の場合は、移動時間はほぼスマートフォンで情報をキャッチしています。ニュースアプリはもちろんのこと、SNSで自分が押さえておくべきニュースを発信している人をフォローするということは、情報の取捨選択のスキルを高めることにおいておすすめです。

有料のニュースサイトなども複数登録しています。有料の情報はやはり良質なものが多く存在します。特にインターネットの場合、誰でも発信できてしまうため、中には誤った情報や、事実よりも個人の主観が入りすぎているニュースサイトなども存在します。自分が得た情報からしか、アウトプットは出せません。自分の仕事のクオリティは、インプットに依存するのです。知っていることしか出てこないということです。それだけ情報のインプットというのは、仕事のアウトプットに直結します。まずは取捨選択せず、シャワーのように浴びまくってみましょう。

46

ベンチマークは数字で定めよう

追い越すべき数字はどれか

スポーツでライバルチームがいるように、ビジネスにもライバルチーム、競合会社があると思います。そして、営業職の自分にとってもライバルがいたほうが燃えますよねというシンプルな話です。

ここで、「●●社の田中さん」「同期の●●」というように人をライバルにするのではなく、数字をベンチマークにする、ということをおすすめしたいと思います。ベンチマークは指標と言えば、わかりやすいでしょうか。

ここで設定するのは、まずは上司です。

上司がどんなに好きでも嫌いでも、自分より経験があることは100%間違いありません。なので、最初は上司がベンチマークでいいと思います。すごく好きな上司で成果も哲学も素晴らしいのであれば、それでいいですし、嫌な上司でも成果が出ているならば、成果と成果の出し方にフォーカスして言語化しましょう。

哲学は尊敬できなくても数字がすごいのならば、その数字の部分をどうやって生み出しているのかをそばでつぶさに観察してきちんと把握しましょう。どうやってお客様を見つけているか、どうやってリレーションシップを取っているか、どうやって顧客管理をしているか……。それを聞いて、マネしましょう。そして同じ結果が出せるようになったとき、「自分は哲学で追い越すんだ」という心持ちでいてください。

あとは、憧れの人の過去の数字、というのもひとつありますね。

たとえば、「自分も福山さんみたいになりたいです」という方が来てくれたとします。僕が1年目で一番数字を作れたときが月間売上５０００万円くらいなのですが、それと比較してどう？と問いかけるとします。

そうすると「全然足りません、●円足りません」みたいにその差分が数値で出せるので、そこを目標に設定できる。漠然と「●●さんみたいになりたい」と人物をイメージするより、比較しやすいですし、具体的です。「時代が違います」「扱っている商品が違います」「だから、正確な比較はできません」という気持ちもわかります。ただ、自分のやる気が出るベンチマークを設定することも能力の一つです。相手のレベルが高すぎたり、低すぎるとテンションは上がらないと思います。とはいえ、すべての条件が揃うベンチマークを見つけるのも無理です。どれかひとつ、変数を固定し、比較できるようにしましょう。同期、同世代、同じ業界、業種などです。

ちなみに僕の場合は、大リーグで活躍する田中将大選手と「同世代」なので、彼の年俸や移籍金の金額を1つのベンチマークにして自分を焚きつけています。他にも、イチロー選手が28歳のときに大リーグで新人王、首位打者、MVPを獲得したので、同じ28歳の自分はどんな成果を出せているのか、と比較をすることで「もっと頑張ろう」と、やる気に火をつけています。

憧れの人がいたとしたら、その人は同じ年齢のときにどんな数字を達成していたのか、というのは大きな刺激になると思います。

頭一つ抜けるためには、自分の成長をウォッチすること。それをここでいう数字と言葉でウォッチすること、これが超重要です。

2月

モチベーションを管理する話

47

モチベーションとの付き合い方を知ろう

いくつものカードを準備せよ

モチベーションとは、頼るものではなくコントロールするものです。

また、高ければいいというわけでもありません。簡単に上がったモチベーションは簡単に下がります。要は、下がらない方法と高まりすぎない方法の2つが重要です。

人間誰しも、モチベーションには波があるものです。モチベーションが下がった状態ではよいパフォーマンスは出せません。プロのビジネスマンとは、その波の振れ幅を自分でコントロールできる人です。モチベーションが下がる前に、下がらないための工夫を自分自身に施しましょう。成果は、自分一人では出せません。必ず相手ありきで、100%自分だけでコントロールできるものではありません。一方、成果を生み出す自分自身のモチベーションはある程度自分一人でもコントロールができます。

下がらない方法と高まりすぎない方法、これらをトランプのカードのごとく、使い分けていきましょう。これを使えば自分はモチベーションを上げられる、抑えられるというものをいくつも用意しておきましょう。
僕の例を紹介します。

・岩盤浴に行く（疲れがとれる）
・1000円程度の高価なお菓子を食べる
・マッサージに行く
・子どもの写真を見る
・尊敬する先輩と会話をする
・成果が出ず悔しかった時のブログを読み返す
・1年間の目標を見返す

などです。なんでもいいんです。お金を使っちゃったから頑張ろうと思えるなどでも、自分で自分のモチベーションを動かしている実感があればそれで正解です。

・朝早く起きる

・お酒を飲む
・高いスーツを着る
・美味しいコーヒーを飲む

こういうことも、モチベーションのカードになります。こういったカードを何種類も持ってくと、下がりすぎない、高まりすぎない対策が施せると思います。

モチベーションには内的要素と外的要素があります。**自分の内から湧き出るモチベーションだけでやる気を維持するのは難しい話です**。新卒入社したばかりときの「頑張ります！」という瑞々しい気持ちを3年間まったくぶれずに持ち続けるのはなかなか難しいと思います。だとすると、外的要素になりうるような、上述のカードを積極的に活用できると、安定して成果を出せるようになります。

48

エニアグラムで自分のタイプを知ろう

どうすれば自分は頑張りやすいか

何がその人のやる気の源泉になっているか、というのは意外と人によって違います。お給料、やりがい、純粋にその商品が好き……。だから、自分のモチベーションをうまく維持しようと思ったら、自分がどういうタイプか知るということが手っ取り早いのではないでしょうか。

１９７０年代から特にアメリカで広がったエニアグラムという考え方があります。個人を９タイプに分類するというものなのですが、自分の特性を知る１つの手段としていいかもしれません。

表現はさまざまにありますが、大まかに完璧主義者、援助者、達成者、芸術家、観察者、忠実家、楽天家、挑戦者、調停者の９タイプで、僕は達成者タイプです。とにかく数字を達成するということが好きでしょうがない。でも、そんなタイプの僕が以前の職場で部下を持ったときに、数字数字と言っていたら、部下の女性がまったくモ

4月 5月 6月 7月 8月 9月 10月 11月 12月 1月 2月 3月

チベーションが上がらなくなってしまったんです。いまになって冷静に考えてみると、彼女は楽天家タイプでした。きっと「楽しんだらいいよ」という方向性でアドバイスできていれば、頑張れていたのかもしれません。だから、自分のことを知り、自分が一緒に仕事をする同僚、上司、顧客がどういうタイプかということも把握できるとさらに理想的です。

僕の会社のメンバーの1人は、援助者タイプです。「売上いくらを目指そう」など数字の目標を掲げてしまうとひるんでしまうけれど、「人のため」や「会社のため」というビジョンに対しては、ものすごく頑張れるタイプです。

ちなみにサイバーエージェントでは、新卒入社メンバーは、研修初日にエニアグラム診断をやりました。これで、自分の中では絶対であった価値観が相対化されるというのがおもしろいですし、実際いろんなタイプの人たちが集まったチームのほうが長続きします。

営業の会社なら達成主義で数字をとるのが好きな人ばかりでいい、と一見思えますが、それだけだと人間関係がギスギスします。「数字を作れない人は悪」のような空気ができてしまい、タイプの違う人が次々と辞めていきます。そんな状況では、新しい人も入ってきづらいです。要は、自分とメンバーのモチベーションのタイプは違うということです。そのことをあらかじめ認識し、自分の価値観をメンバーに押しつけないようにしましょう。これはお客様に対しても一緒です。いまいち相手の心がつかめていない気がするなら、エニアグラム診断をやってもらうのもひとつの手です。

この本を読んでくれているあなたはきっと1年以内に出世すると思いますので、チームビルディングの1つの方法論としてぜひお見知りおきをお願いします。

49

言葉に囲まれてみよう

「意識する」は「強く念じる」ではない

これも外的要因として、僕の会社では、「凡事徹底　にこにこ、はきはき、きびきび」って書いた紙を貼ってあります。これは、CoCo壱番屋の社訓を参考にさせてもらっているものです。最初に見たとき、めちゃくちゃわかりやすい！と感動したんです。事実、オフィスに来て、壁に貼ってある言葉と向き合うと「よし、初心を忘れず頑張ろう」という気持ちになります。

自宅は自宅で、「今の働き方でいいのか」という紙を壁に貼ってあります。

独立したての一年間は、一人株式会社の状態で、とにかくいろんな仕事を受けていました。仕事量はこなしていても、一向にラクになれないでいました。自分の商品やサービスを作る時間がなくなってしまって、本当にこれでいいかどうか考える時間を取らないとまずい、という危機感から貼っていました。この貼り紙を見るたびに新規事業を考える時間を取るようにしました。その後、計画的に事業・サービス作りを進めることができました。結果的に新規事業が立ち上がり、サービス化することができ、メンバーを増やすことができました。作った事業に価値がつき、見たこともない大きな金額でM&A（事業売却）をすることができました。そこで得た資金を元手に、新たな事業に再投資をすることもでき、経営者として、事業家としても成長することができました。この言葉は、偉人の言葉、いわゆる名言なんかでもいいと思います。これだ、と思うものがあったら書いて、貼りましょう。通称「賢者会議」とも言います。

別に紙で貼らなくても意識すればいい、と思った人もいるかもしれませんが、じゃあ意識するってなんですか、という話になるんです。新卒の人でも、「意識して頑張ります」って言うこともあると思います。意識するという動詞を動作にしてくださいと促すと、「強く念じることです」ってなってしまうので、それだとだめなんです。強く念じたままでは寝れないですし、寝て起きたら、もう強く念じてはいないですよね。**自分の意識に頼るものは、不安定なので可視化することが必要**です。

ここでの「意識する」は、動作に落とし込むなら「紙に書いて貼る、そして言葉に囲まれる」。これがおすすめです。

4月 5月 6月 7月 8月 9月 10月 11月 12月 1月 2月 3月

50

トッププレイヤーの日常を知ってみよう

まぶしいくらいの大きな刺激をもらう

自分より先を行っている人の日常、これはやっぱりモチベーションを上げてくれます。僕の体験談が2つあって、ひとつめは明らかに僕より稼いでいる人のタワーマンションに行ったときの話。屋上のラウンジでお話をさせてもらったんですけど、夜景もすごいし、お台場が見えるような立地で、「自分もこんな家に住んでみたいな」と思ったということが3年くらい前にありました。やっぱり**「自分が目指す先にいる人が過ごしている日常」というのは、大きな刺激になると思います。**

あと、新卒時代の話だと、やっぱりサイバーエージェントの藤田社長に食事に連れて行ってもらったときの思い出は鮮烈です。内定者の学生に食事をごちそうしてくださったのですが、西麻布の游玄亭に連れて行ってもらって、個室に通してもらい、なんでもないようにすごくいいお肉を食べさせてもらい、気がつけば会計を済ませてくださっていて……。激励のことばをいただき、最後にはタクシーチケットをもらって東京から当時自宅のあった湘南台まで帰りました（2万円かかりました）。そういう姿をモチベーションに頑張る、というところはかなり大きかったと思います。

トッププレイヤーの日常を知るには、一つは、直接連絡をしてみるということ。僕もたまにFacebookで初対面の方から会いたいと連絡をもらうことがあります。これ、僕はできなかったのですごいなと思います。その経験から、自分も勇気を出して、一番感銘を受けた『至高の営業』という本の著者の方に連絡をしてみたことがあります。

そしたら、なんと会ってくださって、もう何をお話ししたのかディティールはあやふやですけど、テンションが上がって、自分もこんなふうにやって成果を出したいという強力なモチベーションになりました。もし、これを読んでいるあなたに思いうかぶ憧れの人がいるのであれば、実際に会ってみるというのはすごくいい機会だと思います。

やっぱり僕も藤田社長に憧れたから、経営者になりたいと思って自分も経営者になりましたし、営業マンのすごい先輩に出会って、あの人みたいになりたいと思って営業の仕事を頑張れました。

やっている人は少ないと思いますけど、トライする価値はありだと思います。

4月 5月 6月 7月 8月 9月 10月 11月 12月 1月 2月 3月

Column 4 | 帰り道&土日にやることリスト

● 帰り道

ニュースアプリに目を通す

やることがなければひたすら情報収集をしましょう。情報はシャワーのように浴びましょう。朝や昼にクリップした記事を熟読するよいタイミングです。夕方から夜にかけては、身体が蓄えるモードに切り替わりますので、情報収集に向いているタイミングです。歩きスマホは危険ですが、電車やバスの待ち時間など、ぼーっとするくらいなら、1つでも多くの活字と触れあいましょう。サイバーエージェントの幹部たちも隙間時間があれば、これでもかというくらいスマートフォンを眺めています。

話題のエンタメ情報に触れる

情報収集の一環です。僕はゲーム会社のお客様を多く担当している時期がありました。その時に、お客様の会社のゲームだけでなく、他社のゲームを知らないと、話についていけないことがありました。エンターテイメント業界全体の動向（マクロ）は、ニュース記事である程度把握できるのですが、それが実際にどれほど面白いものなのか（ミクロ）、言語化できた時に、お客様のハートをぐっと掴むことができました。その後、先の未来に対する予測を立てられるようになりました。

● 土日

1週間のスケジュールを俯瞰する

月曜日にバタバタすることが続くと、月曜日が嫌になります。月曜日に嫌なイメージがつくと、日曜日が嫌になります。そうやって仕事が段々と受け身になると、楽しくなくなってしまいます。月曜日を「攻めの姿勢」で迎えるために、クライアントワークの少ない土日に1週間のスケジュールを俯瞰しておきましょう。上司の時間を押さえる必要がある場合、事前に押さえてしまいましょう。月曜日をワクワクした気持ちで迎えるための工夫はまだまだありそうですね。

仕事と関係ない目標や未来について考える

この土日は、普段なかなか考える時間の取れない自分の未来について、考える時間に充ててみてはいかがでしょうか？　仕事と関係ない自分の未来について、誰も真剣に考えてはくれません。自分しか自分の未来に責任を持てないのです。仕事で目標を立てて、それに対しての進捗を追いかけることができてきたと思います。自分の人生に対しても、目標を立てて、進捗を追いかけることはできるのではないでしょうか？　考える時間をとりましょう。考えるとは、ノートに書き出すことです。可視化して、向き合うことで、より今の仕事の原動力が増すはずです。

今月来月の成果に直結しない人と会って話をする

明日のためにならないことに投資をしましょう。そもそも投資とはそういうものです。普段から仕事で接している人は大切にするべきですが、同じ人とばかり接していると、気づけなくなることもあります。考え方だったり、専門用語だったり、価値観だったり、1言って10伝わる人同士の会話はラクです。しかし、次第に暗黙知が増えていきます。あえて自分と領域の違う人や、年齢がひと回りもふた回り違う人と話す気合を作ることが、自分自身の説明スキルを飛躍させてくれます。おすすめは、誘いを断らないことです。どうしても直近が忙しい場合は、来月・再来月と先の予定を押さえさせてもらうことをおすすめします。

3月

時間の話

51

「忙しいは正義」を卒業しよう

余白で新しい仕事にチャレンジする

3月です。そろそろこのカリキュラムも終盤になってきました。

来月には後輩ができるかもという時期ですね。アポも取れるようになってそれなりに忙しくなってきている時期なんじゃないかなと思います。ただ、スケジュールが埋まってないことに不安を感じる必要はない、と言っておきたいと思います。むしろ、空きがないと緊急の仕事に対応できないので空きがあったほうがいいんです。

もうすぐ2年目、ますますこれから仕事が多くなる時期だからこそ、「忙しくないといけない」という考え方は卒業しましょう。ただ、忙しくないと時間の圧縮の仕方は覚えられません。いまの忙しさの中でどうやったら空きをつくれるか、という試行錯誤を繰り返していくことが大切です。

今、スケジュール帳が予定でいっぱいかもしれませんが、**「予定があること」に満足せず、これをどうやったら半分の時間でできるか**、ということを常に考えましょう。

半分にできれば、新しい仕事にチャレンジできます。そうするとまた忙しくなるので、またどうやったら時間をつくれるか考える。このサイクルを繰り返すことで、仕事のスピードは格段に上がっていきます。

どれだけ忙しくても、常に空きを意識的につくって、余裕を持てばその時間にどんどん新しいことができます。

でも、具体的にどうやって空きをつくればいいのか？

おすすめは締め切りを設定することです。たとえば、企画書を来週木曜日までに提出するようにと上司に言われたら、木曜まで時間があるから、って結局提出ギリギリになったりしていませんか？　でも、これがたとえば明日17時までに、と言われたら何とか間に合うようにそこまでの時間でつくりますよね。パーキンソンの法則と呼ばれる、有名な法則なんですが、どうしても参加したい飲み会が19時からある場合、どうにかして19時で仕事を終わらせる努力をしたことがあると思います。これを自分でどんどんやっていきましょう、という話です。「社内の締め切りは金曜日だけど、自分は火曜日中にはつくろう」とかそういう感じで前倒ししていけばいいと思います。でも、自分の意志でそれをやりきる自信がない、という人は周りの人を巻き込んでいきましょう。たとえば、「16時からミーティングお願いしてもいいですか」って上司や同僚に持ちかけるんです。そうすると相手に迷惑がかからないようにっていう強制力も働いて、資料をそこまでに作らないといけなくなります。これは、できてなくても何とかするっていう力が身について一石二鳥です。

これをやっていくことで時間に余裕が出てきた場合は、新しい仕事を作りましょう。そのこと自体がクリエイティブなことですから、そこから先は、どんどん成長していけます。新しい仕事の作り方がわからなかったら、直属の上司に何か仕事くださいと伝えて、上司の仕事をやってみましょう。そしたらもちろん、上司もラクになった分、新しい仕事ができるわけです。これをすることで、あなたもあなたのチームも新しいステージにステップアップしていけます。

52

自分の時間を4つに分けてみよう

どの時間帯に人と差別化できるか？

時間の使い方について、お話ししたところで、ビジネスの世界では有名な考え方のひとつ、アイゼンハワーマトリックスについて触れさせてください。

これは、タスクの重要度と緊急度を以下の4つに分けたマトリックスです。

●緊急度が高くて、重要度も高い

これは誰もが一番頑張るタスクです。

●緊急度が高くて重要度が低い

これは、先輩になるにつれ、誰かにお願いしたり任せたりするようにすればいいと思います。もしくは、自動化できないかなということを考えてみましょう。

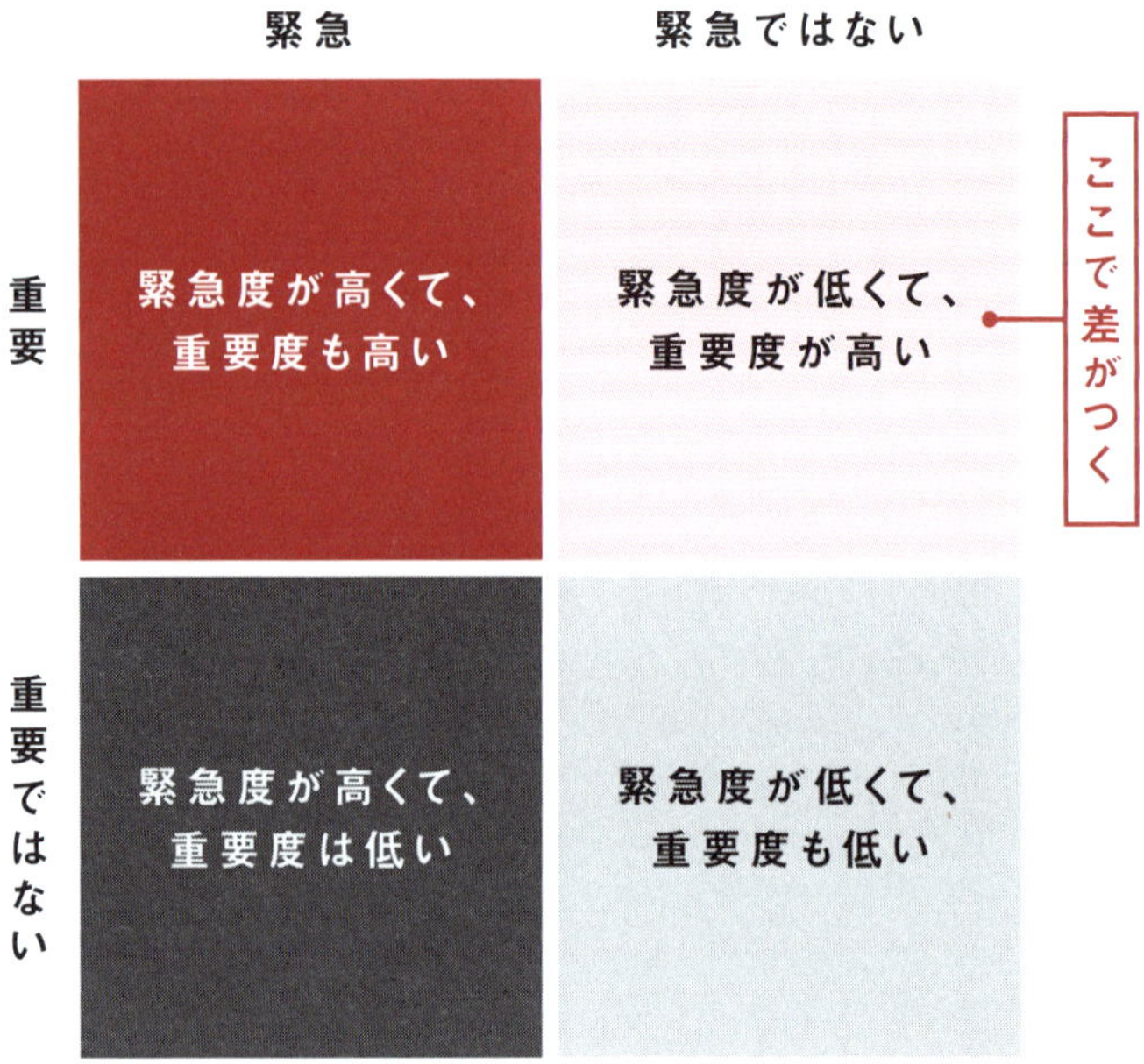

緊急
緊急ではない
重要
重要ではない
緊急度が高くて、重要度も高い
緊急度が低くて、重要度が高い
ここで差がつく
緊急度が高くて、重要度は低い
緊急度が低くて、重要度も低い

●緊急度が低くて、重要度も低い

これは、後回しです。または、やらないという選択肢も含めてみてください。

●緊急度が低くて、重要度が高い

ここが、一番他の人と差別化できるポイントです。後回しにしてもいいけれど重要なことを習慣化できる人が、どんどん成長していけます。つまり、「毎日ブログを書き続けた」とか「勉強を続けた」とか「１００件営業に行き続けた」というようなことです。

まずは、この全体像を理解しましょう。

そして、自分がいつもやっているタスクを振り分けてみてください。たとえば来週１週間のタスクを４つに振り分けたことを意識しながら、全部やりきってみる。そしたら、「ここがムダだったな」という振り返りも適正にできるはずです。そうすると、どこで効率を上げていけるかということも具体的に考えられるようになるのではないでしょうか。たとえば、打ち合わせは集中させた方が移動時間のロスが少ないとか、資料作成はまとめて時間をとったほうが集中力が切れなくていいものができるといったことです。

緊急度が低くて重要度が高いの筆頭に挙げられそうなのがインプットです。これは、習慣化の仕組みを作りましょう。ニュースは常時スマートフォンで見られるようにして、勉強会にも月1回行くようにする。これは、スケジュール帳で時間をおさえてしまう、ということがコツです。

あとは、達成体質をつくるということが重要です。これは、要は目標を下げればいいんです。ブログで拡散される記事を書こうなんて思わなくてよくて、とにかく1個更新すればいい。月30冊本を読もうとしなくてよくて、1冊買えばいい。目次が読めればいい。1章が読めればいい。**そうやって目標を分割して、絶対クリアできるところに落とし込んでいく。**そしてその小さな目標がクリアできるたびに「達成感」は積み上げられていきます。こうなってくるとしめたもので、自分の目標を達成しないと気持ち悪い、という感覚になってきます。

これは自分との約束を守るということと同義で、自分との約束が守れていれば自分との信頼関係=自信が自然と生まれてきます。営業成績が追いついていない人こそ、自信をつけるための「インプットの習慣化」をぜひ続けてください。

53

時間を「攻め」「守り」「未来」に分けてみよう

どんな人も自分自身の経営者

前の項でアイゼンハワーマトリックスのことを書きましたが、ここではさらに俯瞰的な視点で時間を見る、「攻め」「守り」「未来」という分割の仕方を紹介したいと思います。

これは、自分の時間をどの部分に投資しているかを把握するためのフォーマットと考えてください。さっきの項で書いた、習慣的にインプットする、勉強するというのが、「未来」。直近とか来月の営業で売上につながる数字や動き、これが「攻め」。経費精算とか日報みたいな、売上につながらないけど会社員としてやらないとダメなタスク、これが「守り」です。

それで、**この3つを合計して10と考えて、いまどういう配分になっているか**、明日のためにならない努力ができているかを確認してください。いま、「未来」が0で「攻め6」「守り4」なら、未来をせめて3にして、あとの7で攻めと守りを分配しないといけない……というイメージです。そして、普段の自分の動きをスケジュール表を見て、確認してみてください。

このアポは攻めかな、守りかな、それとも未来の投資かな。この作業時間2時間ってなんだろう、あ、これは雑務だから守りの時間だ……というふうに洗い出してみて、どこを削るか、どこを増やすかということを全体的にとらえながら、自分でコントロールするといいと思います。

どんな人でも、自分自身の経営者なんです。株式会社自分なんです。

だから、自分の未来を考える時間っていうのは、絶対に作らないといけない。未来が0だと、ずっと雇われてしまって、主体的な未来を作れません。この本を読んでくれている人は、未来の時間を絶対作るっていうことを守ってほしいです。

未来のために時間を使うということは、自分がこの先、未来で何をしたいかっていうことを見極めて、そこを目がけて何をすればいいかを考える、そしてその時間を作っていくということ。会社だと、毎月の目標を追うっていうことしかできないから、会社じゃないところで、時間を作って椅子に座って白紙に向かって自分の未来を書く、この動作が必要なんです。

うちでも、営業ゼミをやっていますし、うちじゃなくても何かしらのコミュニティに属する、最低限場所を変えて外でやるということは必要かなと思います。

54

砂時計を使ってみよう

3分は1日480回ある

時間の使いかたとして、「To Doリストをつくる」というのがあると思うんですけど、営業職の人には、これはおすすめしません。

アポが複数ある日には、メール送信、議事録、資料作成なんかを「帰ってからやるか」ってなると、To Doがありすぎて、とてもじゃないけど帰社後2時間とかでは、済みません。だから、僕は「To Doを作らない」ということが大事だと考えています。ミーティングが終わる、議事録をめちゃくちゃ適当なものですけど、もう送ってしまう。日程調整も「社に戻って確認します」じゃなくて、今お互いスケジュール帳とかグーグルカレンダーを開いてすぐやる。これで、To Doが1個ずつなくなりますよね、これを積み重ねていく、ということです。

時間に関しては、やっぱり先入観とか思い込みが大きいと思うんです。

「1つのタスクに1時間くらいはかかる」という先入観があるかもしれませんが、うまくいっている会社の打ち合わせって、短いものです。サイバーエージェントも30分で終わらせましょう、という感じでした。あとよくあるのが、「土日にやります」という話。でも、「土日」っていう時間はありません。だから、「土曜日の何時にやる」って決めて、スケジュールに入れること、やっぱりこれが大事なんです。

そして、何よりおすすめしたいのが「砂時計を机に置く」ということ。

いま、書いたようなTo Doって3分あればできるのです。

あと、情報収集が必要な複雑な資料作成をする、というときにただスタートして、ダラダラ時間を使っていませんか？　これも砂時計が役立ちます。**一番最初に、資料作成に必要なタスクを洗い出す3分をつくりましょう**、ということです。これを最初にしておくと、ムダな作業や重複する作業がなくなりますから、3時間かかっていたものが1時間で済む、ということもままあるんです。

あとは、「やらなきゃ、やらなきゃ」と思いながら、後回しにしている作業ってありますよね。たとえば、会社でイベントを開催する、となったときにイベントのホームページを作らないといけない。でもずっと億劫で手つかずのまま……。こういう事態を回避するために、「ホームページを作る時間」をスケジューリングする3分をとってください。

3分でいろんなことができるとしたらどうですか？

3分は、1日に480回あります。そう思ったら、なんでもできるような気がしてきませんか？　やっぱり「どこで何をやるか」ということが人生を作っている。大袈裟に言えば、スケジュール通りに自分の命が減っていっているわけなんです。だから、一時停止して考える3分が、生き様を考える3分とも言えます。

「若いうちはとにかく働け」という考え方もありますが、それでもやっぱり時間の大切さ、「時間＝人生」という考え方は頭に入れておくことをおすすめします。

Column 5　これからのリスト

勇気を与える存在で在り続ける

小学生の頃、テレビでイチロー選手や松坂選手の活躍を見て、衝撃を受けました。彼らに勇気をもらい、僕も甲子園に出たいと思い猛烈に頑張りました。結果、僕は野球で彼らのような存在になれませんでした。しかし、野球で学んだことを、120%活かすべく、フィールドをビジネスに変え、必死に自分と戦っています。いずれ、彼らのように少年たちに勇気を与えられるような存在になりたいと思います。勇気を与える存在は、背中と言葉がセットです。

背中：結果を出すこと

言葉：再現性の高い理論をつくること

1000億円企業をつくる

背中を示すために、1つの基準を設けました。33歳までに1000億円企業をつくることです。ビジネスの規模は、世の中への貢献の規模だと思います。ビジネスに正解はありません。大きければいいわけでもありません。ただ、計測可能な目標を定めることで、自分の現在地を把握できます。ビジネスのたった一つのルールとは「約束を守ること」。自分との約束を守るために期日を決めて、ここに宣言しておきます。あとは進捗を追いかけるのみです。ダメならまた目標を見直します。

学問をつくる

国語数学理科社会と並ぶような学問を作ります。かつて教育は戦争に勝つための一つの手段でした。命令を聞くための国語、鉄砲の玉の数を数えるための算数、戦い続ける体力をつける体育。目的のための手段としての教育は、そのまま戦争の対象が変わりました。受験戦争、就職戦争、そのためのカリキュラムも充実しました。が、果たしてそれでいいのでしょうか？　社会で活躍するための学問、自分らしく生きぬくために必要な学問、これが必要だと考えております。その問題に対し「営業」は、一つの答えだと考えています。まずは「営業」を学問にするべく、やれることを全てやります。

営業職の未来をつくる

間も無く終わる平成の時代に、旧来型の営業職の在り方も終わりを迎えます。一部の人しか知りえなかった情報に、私たちは簡単にアクセスできるようになりました。モノが溢れ、コト（体験）が求められる時代になりました。会社で働くことが当たり前の世の中から、働く場所に囚われない個人の時代になりました。この時代に、営業職が求められる力は、共創力と企画力です。具体的には「売る」―「聞く」―「創る」の3つの力が求められます。営業の仕事は、モノを売ることに留まりません。営業の仕事とは、顧客と一緒に未来をつくることです。たくさんの情報の中から、目的達成のために必要な情報を見極め、現場で起きていることを正しく把握し、時には国境を越え、直接会ったことのない人たちと、様々な価値観に触れながら、ゴールに向けて、必要な打ち手を改善しながら打ち続けること。さながら起業家のそれと変わりません。そんな営業職の新しい姿を自ら体現しつつ、後に続く人たちを育てていきたいと思います。

おわりに

僕は今、いろんな肩書きで仕事をしています。

スタートアップ企業の経営者、上場企業の人事部長、エンジェル投資家、大学院の講師、プロアスリートのコーチ、ビジネス書作家……。

仕事は違えど成果の出し方は一緒です。全て営業的な動作を繰り返しているだけです。具体的には「売る」「聞く」「作る」という3つの要素です。課題や悩みを聞き、どうやったら解決できるかの企画や施策を作り、提案を売り込むことです。この動作は一定です。動作が一定なので、トレーニングも種類を増やす必要がありません。トレーニングとは「聞く」「話す」「書く」「読む」の4つの項目に対して「やって」「感じて」「考える」ことを言語化しながら繰り返すことです。これをすればするほど成果が出る状態になりました。

営業力を身につけることは、仕事以外のプライベートでも十分活かせます。

家族や友達の悩みを聞くことや、新しい交友関係を作ること、異文化の方とコミュニケーションをとるときも営業力は活かされます。営業力とは人間力に他なりません。僕の場合、営業力を身につけて得られた最大の成果は、今の奥さんです。素敵な奥さんを射止められたのは、人生最大の成果だと思っています。

人生を変えるきっかけとなった「営業」という仕事を僕に任せてくださったサイバーエージェントの諸先輩方には頭が上がりません。人生を変えるきっかけは、いつどこに転がっているか、わからないものです。

そして何より、僕のことをたくさん叱ってくださった全てのお客様。数々の不注意・無礼をきちんと指摘頂けたことに大変感謝しております。目の前のことに一生懸命になり、なかなか自分自身の行いに気づけないこともありました。悔しくてお客様の目の前で泣き出してしまうこともありました。忘れもしません、池袋のカフェでのことです。それでも見捨てずに応援してくださったお客様に心の底から感謝しております。

営業職は、お客様に育てられます。お客様を出世させるのも営業職の仕事です。お互いにリスペクトの気持ちを持って、今後とも成長を共にしていきましょう。

今回このような素敵な企画を委ねてくださった油利さん、本当にありがとうございました。

本はサプリメントのようなものです。今日読んだからといって、すぐに効果が期待できるものではありません。しかし、確実にあなたの血や肉となり、徐々に成果に反映されます。おすすめは、同じ本を何度も読むことです。本書も気軽に読み返すことを念頭に置いて書かれております。月ごとに分かれておりますので、手に取った月のページを何となくぼんやりと読んでみてください。きっとその時の状況によって感じ方が異なるはずです。

本書があなたの営業活動の活力となれば、著者としてこれほど嬉しいことはありません。

2018年2月　　福山敦士

福山敦士（ふくやま・あつし）

経営コンサルタント、スタートアップ経営者、上場企業人事部長
慶應義塾大学環境情報学部を卒業。新卒でサイバーエージェントに入社後、1年目からグループ会社の起ち上げに参画し、新人賞受賞。実行率を飛躍的にUPさせる画期的な「目標設定法」を編み出し、セールス記録を更新する。25歳でグループ会社の取締役に就任。営業部長を兼任し、3年で売上10億円の達成に貢献する。27歳で独立し、株式会社レーザービーム代表取締役に就任。目標であった初年度売上1億円を達成。28歳で東証一部上場企業にM&Aにて事業譲渡。2018年から大学院にて講師を務める。株式会社ショーケース・ティービー人事部長/事業部長を兼任。短期間で売上を作るプロとして定評がある。学生時代は野球ひと筋。高校時代は甲子園ベスト8入りを果たしている。

■ 福山敦士オフィシャルサイト
http://www.2980a24t.com/

■ Facebook
https://www.facebook.com/fukuyama.atsushi

■ Twitter
https://twitter.com/2980a24t